I0112195

LIBERTAD ACADÉMICA.

Factor *sine qua non* para un proceso de
Enseñanza-Aprendizaje realmente efectivo.

JOSÉ LUIS IBAVE GONZÁLEZ
SAMUEL GARCÍA SOTO, EDGAR YÁÑEZ ORTÍZ
JOEL BADILLO LUCERO, GUILLERMO CERVANTES DELGADO

bsph
Borderland Studies Publishing House

ISBN: 978-1-948150-55-2

LIBERTAD ACADÉMICA.

Factor *sine qua non* para un proceso de Enseñanza-Aprendizaje realmente efectivo.

JOSÉ LUIS IBAVE GONZÁLEZ
SAMUEL GARCÍA SOTO
EDGAR YÁÑEZ ORTÍZ
JOEL BADILLO LUCERO
GUILLERMO CERVANTES DELGADO

2022

LIBERTAD ACADÉMICA.

Factor *sine qua non* para un proceso de Enseñanza-Aprendizaje realmente efectivo.

2022

LIBERTAD ACADÉMICA. Factor *sine qua non* para un proceso de Enseñanza-Aprendizaje realmente efectivo.

ISBN: 978-1-948150-55-2

Índice

Prefacio

La conceptualización generalizada de la libertad de muchos académicos se circunscribe en buscar el conocimiento y la verdad en sus investigaciones, escritos y enseñanzas, como un principio fundamental de la educación superior contemporánea en este mundo globalizado. Sin embargo, esta libertad se ha ganado con esfuerzo y se ha recortado, reinterpretado y violado periódicamente, y en muchas de las ocasiones, resultado de la ignorancia de su importancia, intereses de grupo, apatía o carencia de criterio para confrontar a quienes se oponen a este derecho. La libertad académica no es un derecho estático, sino una relación en constante cambio entre el profesorado y sus disciplinas, los estudiantes, las administraciones universitarias, las comunidades y los órganos gubernamentales. Su desarrollo refleja las influencias e intereses cambiantes de estos elementos.

En muchas latitudes, se ha demostrado que la incorporación de los principios de la libertad académica en la política no neutraliza los distintos componentes de la educación superior, ni disminuye el papel de la política y la ideología en el funcionamiento de las administraciones, los departamentos y las disciplinas universitarias. La situacion compleja se alinea al cómo debe interpretarse y aplicarse exactamente la libertad académica como un principio codificado en casos individuales, situación que nunca ha sido resuelta, en su totalidad, debido a que no se han dado respuestas a ciertas persistentes y cruciales interrogantes sobre:

- las relaciones y los conflictos entre la libertad académica como un derecho institucional y como un derecho de profesores y estudiantes individuales;
- de igual forma, aun no se ha realizado una distinción entre los derechos especiales de los profesores o estudiantes y las libertades civiles disponibles para todos los ciudadanos;
- si el derecho a la libertad académica en realidad protege el debate abierto y la libre búsqueda de la verdad, o simplemente protege *un status quo* arraigado e ideológicamente sesgado.

- si los campus, la facultad y los estudiantes están limitados por un clima de corrección política que restringe los temas que se pueden abordar;
- si las normas, preceptos y leyes manipuladamente aceptables, erosiona la libertad de los profesores para enseñar más allá de los límites tradicionales de sus disciplinas.
- si restringir el acceso a equipos o redes de telecomunicaciones (por ejemplo, Internet) viola los principios de la libertad académica;
- la restricción de los parámetros de la libertad académica para regular el clima de debate o docencia en las Instituciones de Educación Superior.

Sin embargo, la vasta literatura sobre la libertad de académica se focalice en la Libertad de cátedra, la cual tiene que ver con el derecho de los profesores a la libre indagación que conduzca al descubrimiento y enseñanza de nuevos e importantes conocimientos y de la verdad. Si bien esto es de vital importancia, se debe cambiar el discurso o conversación de la libertad académica como un derecho individual a la libertad académica como un deber colectivo, una responsabilidad implícita en el contrato social entre la educación superior y la democracia. Es un deber estudiar y enseñar materias de manera que sean públicamente relevantes y que informen y eleven el discurso público. Lo anterior, a pesar de políticas y actuares administrativos orientados a limitarlas y en algunas graves ocasiones, simularlas.

Las universidades y demás instituciones de educación superior no sobresalen por estampar con aprobación los puntos de vista sociales y políticos convencionales. Es su responsabilidad fortalecer a la sociedad cuando se obliga a los estudiantes a explorar la complejidad de los temas, analizar, criticar y deliberar cuando hay desacuerdo, y generar nuevas ideas y soluciones. La libertad académica existe para que todas las instituciones, como responsables de formar nuevos y competitivos recursos humanos, puedan ser y serán lugares para el sólido intercambio de ideas y de libre expresión.

José Luis Ibave González

La libertad académica implica la libertad de enseñar y la libertad de aprender, ambas actividades fundamentales para el buen funcionamiento y propósitos de la educación superior. Por ende, debe ser fomentada y protegida por políticas y normas institucionales, acuerdos colectivos negociados y una larga historia de costumbres y tradiciones académicas orientadas al fomento de conductas democráticas.

José Luis Ibave González

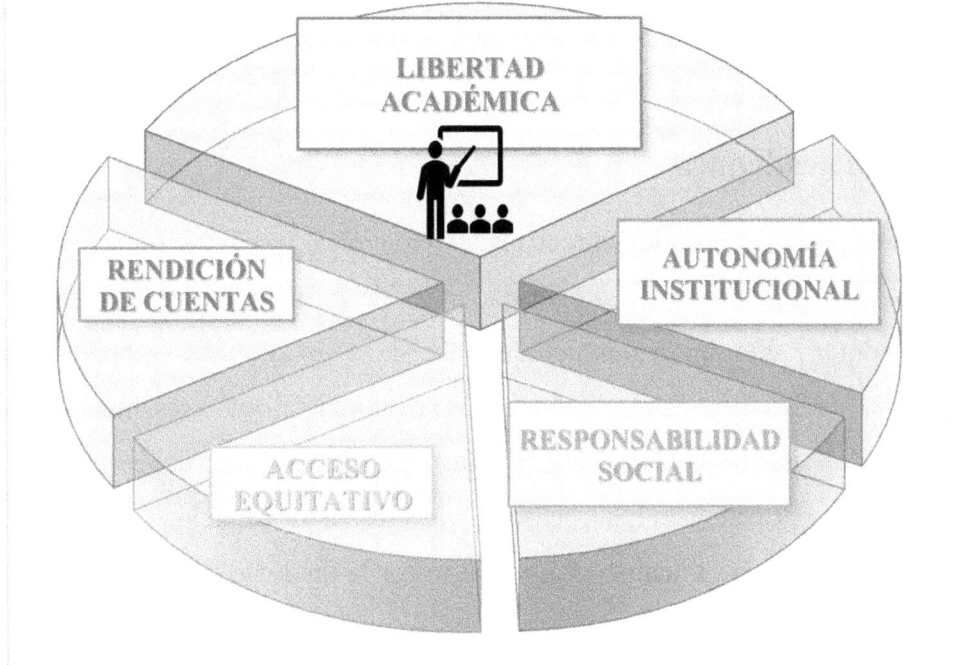

VALORES FUNDAMENTALES DE LA
EDUCACIÓN UNIVERSITARIA

LIBERTAD
ACADÉMICA

AUTONOMÍA
INSTITUCIONAL

RENDICIÓN
DE CUENTAS

RESPONSABILIDAD
SOCIAL

ACCESO
EQUITATIVO

"…el derecho a la educación, la enseñanza y la investigación solo puede disfrutarse plenamente en un ambiente de libertad académica y autonomía para las instituciones de educación superior y que la comunicación abierta de hallazgos, hipótesis y opiniones se encuentra en el corazón mismo de la educación superior y proporcione la garantía más fuerte de la precisión y objetividad de la erudición y la investigación". UNESCO

CAPITULO I

LA LIBERTAD ACADÉMICA. Introducción

Marisol Barraza Herrera y José Luis Ibave González

Libertad académica

Desde el surgimiento de las universidades modernas, la educación superior ha tenido como objetivo formar a los estudiantes de forma profesional, los cuales deben adquirir ciertos conocimientos, habilidades y aptitudes sobre un área específica de estudios. Para ello, se requieren potencializar otras funciones en beneficio de los universitarios, entre las que destacan el desarrollo de la personalidad del estudiante, su pensamiento crítico, su capacidad de poner en práctica su sabiduría y talentos, etc., todo esto con la finalidad de que el estudiante pueda enfrentar las situaciones de la vida como una persona capacitada, eficiente y triunfar tanto en el empoderamiento social como en el mundo laboral.

Dentro del concepto de libertad académica, tanto los alumnos como los maestros deberían ser libres de difundir sus opiniones e ideas sin censura, de involucrarse en los procesos de aprendizaje y enseñanza, descartando aquello que no funciona e implementando lo que se considera es la mejor forma de adquirir nuevos saberes, sin embargo, esta idea de libertad académica se ha visto totalmente distorsionada, ¿Realmente los docentes y estudiantes son libres de desarrollarse como investigadores y exponer cualquier tema de investigación?, ¿Existe la libre expresión en las instituciones de educación superior?, ¿O simplemente los profesores y el alumnado se encuentran sometidos ante las ideologías y parámetros para enquistar el poder y ejercer la autoridad a la voluntad individual o de grupos?

Esencialmente, la libertad académica es un derecho fundamental que reside en la facultad de asumir comportamientos y tomar decisiones de forma libre, sin restricciones respecto a la forma de llevar a cabo el proceso binomial enseñanza-aprendizaje, aunque esto conlleve, contradecir a la autoridad y sobre todo revolucionar todo aquello que implica estancamiento en pro de la estabilidad.

El desempeño dentro de las aulas o de los medios digitales de los profesores e investigadores se centra en dar a conocer o generar temas que para muchos educandos o para el público en general pueden ser interesantes y de ayuda para su empoderamiento, aunque para otros pueden resultar controversiales, sensibles e incluso ofensivos como el aborto, el feminismo, la pobreza, la igualdad, la política, la sexualidad, etc., por lo que el estado a través de mecanismo de control opta por no tocar estos tópicos, impone doctrinas y pone sus intereses por encima de la comunidad estudiantil, impactando negativamente la calidad en los procesos de enseñanza y aprendizaje y de esta forma limitan, en gran medida, las capacidades creativas y críticas, violan la libertad de expresión y privan la construcción y el desarrollo del espíritu emprendedor.

La creación de conocimientos de vanguardia y la innovación ha impactado el proceso educativo ya que ha permitido crear e intercambiar nuevos saberes en espacio virtuales, separándose un poco de los procesos tradicionales para implementar un modelo hibrido y que a través de las tecnologías se puedan desarrollar nuevas habilidades y destrezas. Sin embargo, no hay que soslayar que los espacios virtuales deben ajustarse a su rol de ser una herramienta adicional para el aprendizaje y no un reemplazante. A pesar de la existencia de comunidades virtuales, que se supone deberían ser una gran fuente de información para la investigación aún existen las amenazas de la sanción intelectual, la censura de ideas y la aparición de conflictos originados por individuos radicalistas que se contraponen a las ideas o que no desean por convenir a sus intereses, a que se divulgue la verdad, dando lugar al entorpecimiento y aplicación de la investigación, y así cumplir con su finalidad a académica.

Actualmente, la educación se encuentra en riesgo por las diversas amenazas que dan lugar a que las personas se sientan reprimidas y que decidan no expresarse ni revelarse. Las autoridades públicas son las que deberían estar protegiendo y promoviendo los intereses y derechos de profesores y alumnos, pero desafortunadamente son ellos mismos quienes impiden la circulación de las ideas para que no se sepa sobre las injusticias y deficiencias que están presentes en las Instituciones de Educación Superior (IES).

Aunado a lo anterior, las presiones de un sistema que demanda su reforma, promueven que se preserve dentro de la realidad actual una creciente preocupación en los jóvenes estudiantes una persistente necesidad de obtener una buena calificación, ignorando por completo la generación de conocimiento y la forma en la que lo pueden aplicar. Por lo general, se asume que una buena calificación es sinónimo de inteligencia y como consecuencia el estudiante será exitoso y eficiente en el ámbito laboral. Esta medición del aprendizaje es totalmente cuestionable, pues una buena nota no siempre define el desempeño del estudiante, es necesario medir la comprensión, la práctica y la efectividad en otros aspectos de la vida y, para ello, se requiere libertad de cátedra, factor inherente a la libertad académica.

El desempeño del alumnado y el profesorado depende en gran medida de la calidad de los planes de estudio que cada institución pone en marcha y por supuesto del nivel de libertad de cátedra y la forma en la que cada persona ejerza dicha libertad, donde lo ideal es que se puedan elegir y aplicar libremente los métodos y programas necesarios para difundir los conocimientos científicos. Además de que para que exista calidad entre los planes de estudio y que los universitarios posteriormente puedan encontrar sus oportunidades en la vida, es necesario que las universidades brinden programas centrados en la creatividad práctica para que los recursos humanos en formación sean capaces de plantear y resolver distintas problemáticas, proyectando lo aprendido en el mundo laboral y social, que desarrollen habilidades socio comunicativas y que reciban asesoramiento en temas   de fortalecer el espíritu emprendedor ya sea por contactos con los sectores productivos empresariales, culturales, sociales, etc.

El proceso de implementar o apoyar la libertad académica será el gran desafío resultado del análisis de los vastos retos que la comunidad estudiantil enfrenta constantemente, pero es esencial que los profesores y estudiantes conciban la libertad académica como un derecho individual y fundamental, a través de la libertad de cátedra con la concomitante libertad de expresión, de opinión, de pensamiento y de investigación, ya que conllevan implícitamente el principio y el fin en la en toda organización al promover una dinámica de cambio y prospectiva de los tiempos. Así mismo, se estará en posibilidades reales para vencer todo tipo de régimen autoritario teniendo siempre en mente la idea de impulsar el estilo del pensamiento, la motivación y el espíritu académico con apego irrestricto a la libertad en las IES. Esta misma libertad se demanda en todos aquellos involucrados en la divulgación de la ciencia, ahora que los medios digitales tienen una gran influencia en la educación y en la investigación. La mejor opción para los editores encargados de aprobar cierto artículo que tiene una gran posibilidad de ser cuestionado es aplicar la libertad editorial y asuma la responsabilidad de lo que pueda acarrear esa divulgación siempre y cuando esta información sea de beneficio para la sociedad de la información.

Las universidades deben convertirse en organismos proactivos y autónomos, analizar las necesidades y problemas actuales de la sociedad para que así los profesores tengan un lugar dentro de la institución como personas libres de aplicar sus métodos de enseñanza (bajos ciertos límites necesarios y con responsabilidades) y formar a sus estudiantes de la forma correcta, como seres comprometidos, libres y dispuestos a hacer un cambio positivo en la sociedad.

Ante los retos que actualmente demanda la libertad académica a las universidades, sobre todo a las públicas que son el sustento de la creatividad y desarrollo del país, hace necesario expresar reformas sustentadas sujetas a una opinión académica sólida y homogénea, cuya coherencia deriva de su profundo arraigo común en la evolución misma de la educación. Es por ello, que toda aportación sustentada, es una salvaguarda indispensable de la libertad académica. Si existe tal opinión académica, y si la opinión pública respeta la opinión académica, entonces no hay peligro para la libertad académica.

Esta evolución académica ha sustentado la necesidad de transformar sus objetivos terminales hacia la formación de recursos humanos donde el pensamiento crítico, creativo y social se oriente a impactar el crecimiento e innovación de forma acelerada y responsable; y con ello, lograr el bienestar de la sociedad a través de cambios dinámicos que permitan una mayor disponibilidad, acceso y adquisición de bienes y servicios para la satisfacción de sus necesidades. Por ende, la formación universitaria debe lograr la suma coherente del conocimiento holístico **resonante** que desarrolle, en los recursos humanos, habilidades para el empoderamiento social y la consolidación de su espíritu emprendedor; ambos, agentes capaces de detectar las oportunidades para que de forma estratégica puedan copar con los retos que éstas demandan; para que se logre lo anterior, se requiere un respeto irrestricto a la libertad académica.

Las instituciones, hoy en día, deben ser motores cuya *RESONANCIA* eficaz y eficiente, permita capacitar, potencializar y formar, con humanismo, ciencia y tecnología, a los recursos humanos cuyos disensos y autonomía crítica, les permita enfrentar objetivamente, los retos que la amalgama de los individuos con la materia, la naturaleza, las cosas y las experiencias de vida, demandan para estar a la vanguardia del desarrollo y poder, con posibilidades reales, liderear el bienestar social con innovación y prospectiva.

Como resultado de lo anterior, se hace necesario una reforma a los instrumentos de enseñanza aprendizaje apegados a la Libertad académica, donde se centren los esfuerzos sistémicos coherentes al aprovechamiento de las oportunidades, asumiendo estrategias para superar los retos bajo una planeación metodológica que elucide su impacto y pertinencia hacia el ambiente específico de su desarrollo focalizado.

Es por tanto indispensable redefinir el objetivo de las Instituciones de Educación Superior (IES), centrado éste, en dos vías: la formación de individuos emprendedores y de agentes de cambio para el empoderamiento social. Es por eso que se demanda una evaluación sistematizada y coherente del pensamiento a través de indicadores de pertinencia de su entorno o ambiente, estructura y proceso donde se contemplen conceptos formativos, visión holística (en sus tres vertientes = *funcional*: que se hace institucionalmente; *definición ontológica*: qué es; y, *su definición genérica:* qué puede llegar a ser), interacciones y complejidades entre los actores internos (alumnos, profesores, investigadores, técnicos administrativos, etc.) y externos (empresarios, industriales, cámaras, gobierno, y demás actores sociales nacionales e internacionales).

Some man never die

And some men never live

But we are all alive tonight

Charles Bukowski

Parafraseando a Bukowski, me permito acotar lo siguiente:

Algunos Profesores-Investigadores serán eternos por su apego a la libertad y responsabilidad por encontrar, crear y dirigir; mientras que otros, son solo entes que vegetan burlándose de quienes de ellos esperan entereza, y; la Universidad, es el lugar donde convivimos y nos sentimos en paz los que practicamos la Libertad con aquellos que solo cumplen sin dignidad.

José Luis Ibave González

CAPITULO II

LIBERTAD ACADEMICA COMO DERECHO Y PILAR DE LOS VALORES EDUCATIVOS

Marisol Barraza Herrera, Edgar Yáñez Ortíz y José Luis Ibave González

El concepto de libertad académica, originalmente importado a los Estados Unidos desde Alemania por la primera generación de académicos estadounidenses, encontró una expresión significativa por primera vez en la Declaración de Principios sobre la Libertad Académica y la Apropiación Académica de la Asociación Estadounidense de Profesores Universitarios de 1915 (AAUP, 2015). La AAUP defiende la necesidad de la libertad académica para los profesores universitarios y declara que los docentes tienen derecho a la 'libertad de indagación e investigación', 'libertad de enseñanza dentro de la universidad o colegio' y 'libertad de expresión y acción extramuros'. En ese momento, la AAUP argumentó que se requería libertad académica para que cualquier universidad pública no confesional pudiera cumplir su propósito. Tal como se establece en la Declaración (AAUP, 2015), este propósito tiene tres aspectos:

(a) promover la investigación y promover la suma del conocimiento humano;

(b) proporcionar instrucción general a los estudiantes; y

(c) desarrollar expertos para varias ramas del servicio público.

En este manifiesto, se afirma que los profesores requieren libertad académica para lograr estos objetivos. Con respecto al conocimiento humano, la "primera condición del progreso es la libertad completa e ilimitada para investigar y publicar sus resultados". Con respecto a la enseñanza, "ningún hombre puede ser un maestro exitoso a menos que goce del respeto de sus alumnos y su confianza en su integridad intelectual". En cuanto al servicio público, si los profesores han de "ser útiles al legislador o administrador, éste debe gozar de su plena confianza en la calidad o estado de ser objetivo e imparcialidad de sus conclusiones").

La libertad académica se justifica en última instancia por su papel beneficioso en la comunidad:

> *La responsabilidad de la universidad en su conjunto es para con la comunidad en general, y cualquier restricción a la libertad del profesor está destinada a reaccionar de manera perjudicial sobre la eficiencia y la moral de la institución y, por lo tanto, en última instancia, sobre los intereses de la comunidad.*

La libertad académica debe entenderse, por ende, como aquel proceso de pensar críticamente apoyado por la creatividad cognitiva y sustentada en la problemática social. Es por ello que es el pilar de los valores fundamentales de la educación, ya que se circunscribe como la "***libertad de enseñanza y discusión, libertad para realizar investigaciones y difundir y publicar los resultados de las mismas, libertad para expresar libremente opiniones sobre la institución académica o sistema en el que se labora, libertad frente a la censura institucional y libertad para participar en cuerpos académicos profesionales o representativos***".

Es por ello que representa un medio, un vehículo para interrogar nuestra realidad, en lugar de ser "un derecho formal inenajenable". De ahí que el papel de cualquier gobierno democrático frente a la universidad, y, sobre todo, para uno que quiera avanzar en la justicia epistemológica y social, no es moldear la educación pública para alinear a la ciudadanía con sus acciones ni para que los académicos y las académicas investiguen los temas de su preferencia.

El reto es cómo establecer las condiciones para que la libertad académica y el pensamiento crítico, creativo y social, estén al alcance de los profesores, investigadores, estudiantes y todas las personas más allá de los muros de las instituciones de educación superior. Para ello, se tiene que reconvertir el objetivo vicioso de las instituciones de empeñarse en formar recursos humanos capacitados para el trabajo y realmente visualizar que su quehacer libre se centra en procesos de aprendizaje que potencialicen el *Espíritu Emprendedor* del estudiante con capacidades, habilidades y competencias para el *Empoderamiento Social*. Al respecto, múltiples evidencias resultado de investigaciones científicas pueden servir para entender este reto. Por lo pronto, el primer paso ha de ser el de respetar la libertad académica y el pensamiento crítico dentro de las instituciones de educación superior que fortalezcan sus valores fundamentales como:

Responsabilidad Social: en la educación superior, es el deber de usar las libertades y oportunidades que brinda el Estado y el respeto público a la libertad de cátedra y la autonomía institucional de manera consistente con la obligación de buscar y difundir la verdad, de acuerdo con las normas éticas y profesionales, y para responder a los problemas y necesidades contemporáneas de todos los miembros de la sociedad.

Autonomía Institucional: el grado de autogobierno necesario para la toma de decisiones efectivas por parte de las instituciones y líderes de educación superior con respecto a su trabajo académico, estándares, gestión y actividades relacionadas, de conformidad con los principios de acceso equitativo, libertad académica, responsabilidad pública y responsabilidad social.

Rendición de Cuentas: la institucionalización de sistemas, estructuras o mecanismos claros y transparentes mediante los cuales el Estado, los profesionales de la educación superior, el personal, los estudiantes y la sociedad en general puedan evaluar, con el debido respeto a la libertad académica y la autonomía institucional, la calidad y el desempeño de las comunidades de educación superior.

Acceso Equitativo: el ingreso y la participación exitosa en la educación superior y la profesión de la educación superior se basa en el mérito y sin discriminación por motivos de raza, género, idioma o religión, o distinciones económicas, culturales o sociales o discapacidades físicas, e incluye la facilitación activa de acceso para miembros de grupos tradicionalmente subrepresentados, incluidos pueblos indígenas, minorías culturales y lingüísticas, grupos en desventaja económica o de otro tipo y personas con discapacidades, cuya participación puede ofrecer una experiencia y un talento únicos que pueden ser de gran valor para el sector de la educación superior y la sociedad en general.

Es importante comprender la interrelación de cada valor con los demás. Por ejemplo, ¿cómo se superponen la libertad académica y la autonomía institucional? ¿Cómo fortalece la responsabilidad social el ejercicio de la libertad académica? Esto requiere una discusión honesta sobre el significado general de cada uno de los valores fundamentales dentro de un país específico, institución de educación superior o estudio de caso. Por ejemplo, en lugar de centrarse en una pregunta binaria ("¿La declaración del profesor estaba protegida por la libertad académica, sí o no?"), lo que corre el riesgo de simplificar demasiado, pueden resultar mejores discusiones al explorar la interrelación de los diversos valores ("¿Cuál es el impacto de la declaración del profesor y la respuesta del estudiante, la universidad o el gobierno a esa declaración, para cada uno de los valores fundamentales?").

Es por ello, que la libertad académica implica el derecho de toda persona a buscar, generar y transmitir conocimientos, a formar parte de las comunidades académicas y a realizar labores autónomas e independientes para llevar a cabo actividades de acceso a la educación, docencia, aprendizaje, enseñanza, investigación, descubrimiento, transformación, debate, búsqueda, difusión de información e ideas de forma libre y sin temor a represalias. Adicionalmente, la libertad académica tiene una dimensión colectiva, consistente en el derecho de la sociedad y sus integrantes a recibir informaciones, conocimientos y opiniones producidas en el marco de la actividad académica y de obtener acceso a los beneficios y productos de la investigación, innovación y progreso científico.

La libertad académica se protege de igual manera dentro y fuera de los centros educativos, así como en cualquier lugar donde se ejerza la docencia y la investigación científica. La comunidad académica es un espacio para la reflexión y la deliberación informada sobre aspectos que conciernen a la sociedad, principalmente sus conflictos y externalidades que surgen de la creciente interdependencia entre pueblos y grupos sociales. Por esto, la libertad académica se protege tanto en entornos de educación formal como no formal, y también comprende el derecho a expresarse, a reunirse y manifestarse pacíficamente en relación con los temas que se investigan o debaten dentro de dicha comunidad en cualquier espacio, incluyendo los distintos medios analógicos y digitales de comunicación, al igual que para exigir mejores condiciones en los servicios de educación, y a participar en organismos académicos profesionales o representativos.

La libertad académica abarca la difusión y debate de conocimientos basados en la propia experiencia o campo de investigación, o en asuntos relacionados con la vida académica en general.

Este derecho también incluye la libertad de trabajadoras, trabajadores y estudiantes de instituciones académicas de expresarse y asociarse con respecto a dichas instituciones y sobre el sistema educativo, entre otros.

La protección de la libertad académica también comprende la posibilidad de que la educación al interior de o hacia los pueblos indígenas responda a sus necesidades particulares, abarcando su identidad cultural su historia ancestral, sus conocimientos tradicionales y técnicas, sistemas de valores y aspiraciones sociales, económicas y culturales, al igual que la garantía de recibir oportunidades de educación en su propia lengua indígena o en la lengua que más comúnmente se hable en el grupo al que pertenezcan.

La libertad académica protege la diversidad de métodos, temáticas y fuentes de investigación acordes con las prácticas y reglas internas de cada disciplina.

Sin embargo, y ante las permanentes intromisiones externas que buscan el control para perpetuar el poder institucional, el profesorado se ha defendido de lo apelando al concepto de la libertad académica, que incorpora las libertades de cátedra e investigación, así como el principio del autogobierno. En la Declaración de Principios de la Asociación de Profesores Universitarios se señala que las libertades son fundamentales para asegurar que la universidad cumpla con sus objetivos educativos e investigativos. Solo la garantía de la "imparcialidad" del profesorado podría inspirar la confianza pública y gubernamental en la labor universitaria.

La libertad académica se apoya en instituciones públicas democráticas comprometidas con el principio de no intervención de los estados, autoridades religiosas y poderes corporativos en la producción y difusión del conocimiento. Así, la lucha por la libertad académica pertenece a la lucha por la democracia. La libertad académica pertenece a la universidad y, sin embargo, las universidades pertenecen a sus ubicaciones y políticas. Los muros son más porosos de lo que a veces permiten las distinciones legales.

Lo que teme el autoritario es que la discusión abierta en un seminario universitario se traslade fuera de esos muros. Tienen razón al temer la circulación de ideas, que son impredecibles e incontrolables. Y tienen razón en temer aquellas ideas que cuestionan la legitimidad del régimen autoritario, o del fascismo, o de los regímenes racistas, ya que una vez que se demuestra y discute abiertamente el carácter injusto de esos regímenes, y una vez que se da en la vida pública esas formas de crítica intelectual, la gente bien puede identificar y oponerse al gobierno injusto y levantarse para exigir el fin de la injusticia. Sin embargo, y a pesar de lo anterior, un sin número de universidades públicas han encontrado procesos de control basados en la simulación de apertura democrática, en sistemas de control basados en incentivos o castigos si se cuestiona el proceder ineficaz de las autoridades administrativas en turno; en fincar supuestos de comportamiento inadecuado en las aulas para destruir el carácter de quienes con criterio crítico cuestionan procedimientos anquilosados y que redundan en prácticas fascistoides en la preservación de grupos de poder; en reformas de reglamentos que favorecen la simulación en la impartición de clases sin apego a la ciencia y basados en la opinión y el dogma: nepotismo y compadrazgo en la contratación de profesores, y; demás prácticas que resultan en la total ineficacia de la educación.

Lo anterior, desgraciadamente, confirma lo expuesto por Edward Said (1991), donde estipula que las instituciones de educación superior públicas dejaron de representar la libertad por el acomodamiento; han impuesto la precaución y el miedo en lugar de la brillantez y la osadía; la autopreservación en lugar del avance de conocimiento; por lo que el resultado ha sido la subordinación de la academia a los partidos gobernantes y la supresión de la vida intelectual universitaria. Sin duda alguna, actualmente las universidades enfrentan las tensiones que radican en el conflicto inducido entre la libertad de buscar el conocimiento y la idea de la restricción por "normas profesionales aceptables" y su inclusión en una *"comunidad disciplinaria"*.

Las normas profesionales son en sí mismas formas de conocimiento que a menudo se cuestionan, por lo que restringir la erudición mediante la aplicación estricta e instrumental de esas normas, sin reconocer las normas existentes como históricamente cambiantes y socialmente negociadas; podrían conducir a formas de censura que son a la vez sutiles y contundentes cuyos orígenes son distintos de los juicios bien intencionados y bien educados de los profesionales; forjados no solo a partir de juicios cognitivos sino también de una confluencia de prácticas institucionales y discursivas históricamente evolucionadas y cambiantes (Butler, 2009).

Sin embargo, en la actualidad, es urgente fortalecer o crear las organizaciones nacionales dedicadas a la defensa de la libertad académica, que incluye el derecho a la expresión política extramuros. De igual forma se hace necesario construir lazos transnacionales, nuevos modos de cooperación que compartan la riqueza, el espacio de trabajo, la comunidad y que brinden a los académicos en riesgo, una nueva forma de imaginar y perseguir su futuro vocacional. Deberíamos crear la red de solidaridad más amplia posible dedicada al derecho a pensar y hablar.

Indudablemente, la perdida de libertad académica y el conformismo impuesto resultado de procesos normativos antidemocráticos, han deteriorado el compromiso de exigir por libertades para la mejora continua de la educación, por lo que se hace un reclamo de integrar esfuerzos conjuntos para pensar más en el apoyo financiero e institucional que se ofrecerá a los académicos que han perdido la garantía y las condiciones en las que se basa la libertad, tanto la libertad académica como la libertad de expresión política.

Butler (2009), manifiesta que es imperativo crear una alianza multilingüe y multirregional, que sirva de santuario cuando las universidades o los gobiernos se vuelvan persecutorios, que se apoye la libertad de expresión frente a su criminalización. Contra la persecución del espíritu libre, que arruina la vocación y expone la vida a la indigencia, debemos formar una solidaridad vital. Debemos trabajar junto con los académicos en riesgo para hacer público nuestro juicio sobre la injusticia y la persecución, uno con el poder de desencadenar la libertad como un ideal contagioso que merece una salvaguardia vigilante.

En consecuencia, de todo lo expuesto, el concepto es claro y sustentado a lo largo de las décadas, donde se han escrito y publicado una gran cantidad de libros, ensayos y políticas sobre el tema. La *Libertad Académica* se ha aplicado a realidades pedagógicas, tecnológicas, culturales y políticas que no existían cuando se definió el concepto por primera vez.

No solo los miembros de las universidades, los administradores, los miembros de los cuerpos directivos y los estudiantes, sino también los padres, los políticos y otros miembros del público se benefician, hoy en dia, de las bondades y conceptos que engloban sus características principales. Sin embargo, la libertad académica se invoca en situaciones en las que en realidad no se aplica, resultado de aquellos que dentro y fuera de la educación superior no están bien versados en todas las protecciones que brinda y en ocasiones, algunos la utilizan para enmascarar sus intenciones dañando los procesos educativos, principalmente en lo que respecta al binomio enseñanza-aprendizaje.

Cary Nelson (2010), emancipa el termino al acunarle lo que implica y realmente no hace:
Implica:

> ➢ La libertad académica significa que tanto los profesores como los estudiantes pueden participar en debates intelectuales sin temor a censura o represalias.

> ➢ La libertad académica establece el derecho del docente a permanecer fiel a su filosofía pedagógica y compromisos intelectuales. Preserva la integridad intelectual de nuestro sistema educativo y, por lo tanto, sirve al bien público.

> ➢ La libertad académica en la enseñanza significa que tanto los profesores como los estudiantes pueden hacer comparaciones y contrastes entre las materias que se imparten en un curso y cualquier campo del conocimiento humano o período de la historia.

> ➢ La libertad académica otorga tanto a los estudiantes como a la facultad el derecho a expresar sus puntos de vista, de forma oral, escrita y a través de comunicaciones electrónicas, tanto dentro como fuera del campus, sin temor a sanción, a menos

que la forma de expresión perjudique sustancialmente los derechos de los demás o, en el caso de los miembros de la facultad, esos puntos de vista demuestran que son profesionalmente ignorantes, incompetentes o deshonestos con respecto a su disciplina o campos de especialización.

➢ La libertad académica otorga tanto a los estudiantes como a los profesores el derecho de estudiar e investigar sobre los temas que elijan y sacar las conclusiones que consideren consistentes con su investigación, aunque no impide que otros juzguen si su trabajo es valioso y sus conclusiones sólidas. Para proteger la libertad académica, las universidades deben oponerse a los esfuerzos de los patrocinadores corporativos o gubernamentales para bloquear la difusión de los resultados de la investigación.

➢ La libertad académica significa que las creencias políticas, religiosas o filosóficas de los políticos, administradores y miembros del público no pueden imponerse a los estudiantes o profesores.

➢ La libertad académica otorga a los docentes y estudiantes el derecho a buscar reparación o solicitar una audiencia si creen que sus derechos han sido violados. Obvio pueden hacer sus quejas directamente a la Comisión Interamericana de los Derechos Humanos.

➢ La libertad académica protege a los profesores y estudiantes de represalias por estar en desacuerdo con las políticas o propuestas administrativas, así como solicitar y obtener la rendición de cuentas.

- La libertad académica otorga a los profesores y estudiantes el derecho de cuestionar los puntos de vista de los demás, pero no de sancionarlos por sostenerlos.

- La libertad académica protege la autoridad de un miembro de la facultad para asignar calificaciones a los estudiantes, siempre que las calificaciones no sean caprichosas o injustamente punitivas. En términos más generales, la libertad académica abarca tanto el derecho individual como el institucional de mantener los estándares académicos.

- La libertad académica otorga a los miembros de las Instituciones Educativas una libertad sustancial para decidir cómo impartir los cursos de los que son responsables.

- La libertad de cátedra garantiza que los cargos graves contra un miembro de la facultad serán juzgados ante un comité de sus pares. Proporciona a los miembros de la facultad el derecho al debido proceso, incluida la suposición de que la carga de la prueba recae en quienes presentaron los cargos, que los profesores tienen derecho a presentar contrapruebas y confrontar a sus acusadores, y ser asistidos en casos graves, si lo desean, por un abogado.

La Libertad académica, no hace:

- La libertad académica no significa que un miembro de la facultad pueda acosar, amenazar, intimidar, ridiculizar o imponer sus puntos de vista a los estudiantes.

➢ La libertad académica de los estudiantes no niega a los profesores el derecho de exigir a los estudiantes que dominen el material del curso y los fundamentos de las disciplinas que enseñan los profesores.

➢ Ni la libertad académica ni la tenencia de base académica (profesor contratado y con adscripción a su sindicato) protegen a un maestro incompetente de perder su trabajo. La libertad académica, por lo tanto, no otorga una garantía incondicional de empleo de por vida.

➢ La libertad académica no protege a los miembros de la facultad de los desafíos o desacuerdos de colegas o estudiantes con respecto a su filosofía y prácticas educativas.

➢ La libertad de cátedra no ampara a los profesores de sanciones no universitarias en caso de infracción de la ley.

➢ La libertad académica no les confiere a los estudiantes ni a los profesores el derecho de ignorar las regulaciones de los colegios o universidades, aunque sí les da a los profesores y estudiantes el derecho de criticar las regulaciones que creen que son injustas o netamente subjetivas que se prestan a la manipulación política para ganar el poder.

➢ La libertad académica no protege a los estudiantes ni a la facultad de medidas disciplinarias, pero sí requiere que reciban un trato justo y el debido proceso.

➢ La libertad de cátedra no protege a los docentes de las sanciones por mala conducta profesional, aunque las sanciones requieren prueba fehaciente establecida mediante el debido proceso.

➢ Ni la libertad académica ni la base como profesor protegen a un miembro de la facultad de varias sanciones, desde la denegación de aumentos por mérito, la denegación de solicitudes sabáticas, hasta la pérdida de asignaciones de enseñanza y comité deseables, por desempeño deficiente, aunque tales sanciones están reguladas por acuerdos locales y por los procedimientos normativos de cada institución. Si son menores, las sanciones deben ser agravables; si son mayores, deben ser precedidos por una audiencia apropiada.

➢ Ni la libertad académica ni la base protegen a un miembro de la institución que falte o se ausente de clases repetidamente o se niega a enseñar las clases o materias asignadas.

➢ Aunque interrumpir brevemente a un orador invitado puede ser compatible con la libertad académica, en realidad impedir que continúe una charla o una actuación no lo es.

➢ La libertad académica no protege a un miembro de la facultad de investigaciones sobre denuncias de mala conducta científica o violaciones de las políticas sólidas de la universidad, ni de sanciones apropiadas, si tales cargos se sostienen en una audiencia registrada ante un cuerpo docente electo.

Entiendo la libertad académica como el derecho a buscar la verdad y a publicar y enseñar lo que se tiene por verdadero. Este derecho implica también un deber: no se debe ocultar ninguna parte de lo que se ha reconocido como verdadero. Es evidente que cualquier restricción a la libertad académica, representa un actuar que obstaculiza la difusión del conocimiento entre el pueblo y por ende impide el juicio y la acción nacional.

Albert Einstein

Muchos profesores se repliegan hacia las especializaciones académicas y se aferran a un lenguaje arcano que los hace irrelevantes para la tarea de defender la universidad como un bien público. Esto se ha vuelto cada vez más claro en los últimos años a medida que los académicos se han vuelto tan insulares, a menudo reacios o incapaces de defender la universidad como un bien público. Resultado de los ataques generalizados a la libertad académica, el papel de la universidad como institución democrática dentro de la esfera pública, se reducen cada vez más, a centrar el conocimiento como a una mercancía vendible, y a los estudiantes tratarlos como clientes.

Henry Giroux

Se nos recuerda que, en el tiempo fugaz que tenemos en esta Tierra, lo que importa no es la riqueza, ni el estatus, ni el poder, ni la fama, sino lo bien que hemos amado y la pequeña parte que hemos jugado en hacer mejorar la vida de nuestros semejantes.

Barack Obama

Una persona puede marcar la diferencia, y todos deberían intentarlo.

John F. Kennedy

CAPÍTULO III

CONCEPTUALIZACION DE LA LIBERTAD DE CÁTEDRA

Lucero Barrios Martínez, Samuel García Soto y José Luis Ibave González

El concepto de libertad académica se basa en la idea de que el libre intercambio de ideas en las Instituciones o Centros de Enseñanza, es esencial para una buena educación. Específicamente, la libertad académica es el derecho de los miembros de la facultad, actuando tanto como individuos como colectivos, para determinar sin interferencia externa:

(1) el plan de estudios universitario;
(2) contenido del curso;
(3) enseñanza;
(4) evaluación del estudiante; y
(5) la conducta de la investigación académica.

Estos derechos están respaldados por dos prácticas institucionales: gobernanza y tenencia compartidas. La libertad académica garantiza que los colegios y universidades sean "refugios seguros" para la investigación, lugares donde estudiantes y académicos pueden desafiar la sabiduría convencional de cualquier campo: el arte, la ciencia, política u otros.

Defender la libertad académica y el libre intercambio de ideas en el campus es un componente central del trabajo de AFT Higher Education. Este trabajo se refleja en las actividades de organización y negociación colectiva del sindicato, y en nuestra participación en asuntos profesionales y políticos. El trabajo es esencial porque los derechos de libertad académica están bajo ataque constante y porque la mayoría de los instructores de hoy en día, aquellos en trabajos temporales contingentes, no tienen las protecciones críticas que estos derechos brindan al proceso educativo.

Por supuesto, la libertad académica y sus derechos correspondientes no significan que "todo vale". Nadie podría argumentar que un profesor puede mantener a los estudiantes en su creencia de que el sol gira alrededor de la tierra, por ejemplo. El profesorado debe actuar profesionalmente en su investigación académica, su enseñanza y sus interacciones con los estudiantes y otros profesores. Las instituciones de educación superior y las disciplinas académicas aseguran esto a través de políticas y procedimientos que protegen tanto a los estudiantes como a la integridad académica de las instituciones y disciplinas.

El argumento original de la Declaración de Principios sobre la Libertad Académica y la Apropiación Académica de la Asociación Estadounidense de Profesores Universitarios a favor de la libertad académica, no menciona específicamente la variedad de tareas docentes, ni explica cómo se relacionan las tareas docentes con la libertad académica. En todo caso, el argumento se centra en la libertad de decir lo que uno piensa en el aula, que está tangencialmente relacionada tanto con la primera tarea de elegir métodos pedagógicos como con la tarea de elegir el contenido del curso.

La libertad académica en el aula se apoyó, inicialmente, en la premisa de que la enseñanza exitosa requiere que los profesores se ganen el respeto y la confianza de los estudiantes. Esto, a su vez, exige su derecho a hablar libremente en clase. Como afirma la AAUP (2015):

Ningún hombre puede ser un maestro exitoso a menos que goce del respeto de sus alumnos y de su confianza en su integridad intelectual. Es claro, sin embargo, que esta confianza se verá mermada si existe la sospecha por parte del alumno de que el profesor no se está expresando de forma plena o franca, o que los profesores universitarios y universitarios en general son una clase reprimida e intimidada que no se atreve a hablar con ese candor y coraje que la juventud exige siempre en aquellos a quienes ha de estimar.

El estudiante promedio es un observador perspicaz, que pronto toma la medida de su instructor. No es sólo el carácter de la instrucción sino también el carácter del instructor lo que cuenta; y si el estudiante tiene razón para creer que el instructor no es fiel a sí mismo, la virtud de la instrucción como fuerza educativa se ve incalculablemente disminuida. No debe haber en la mente del maestro ninguna reserva mental. Debe dar al alumno lo mejor de lo que tiene y de la razón de ser.

La principal razón para proteger la libertad académica, por tanto, es la de promover el bien social que resulta de un sistema universitario que promueve la libre expresión. Como lo menciona Schrecker (2010), los profesores son los principales intelectuales públicos de la nación; plantean preguntas con las que debe lidiar una ciudadanía informada. Son, por lo tanto, esenciales para la preservación del debate razonado y la libre expresión que requiere nuestro Sistema que mantenga el continuo camino para ser democrático.

Suponiendo que la mejor justificación de la libertad académica es la promoción de un bien social, podemos cuestionar si la libertad de elegir métodos de enseñanza es un aspecto necesario de la libertad académica. En otras palabras, ¿se pondría en peligro el bien social de la libertad académica si se pidiera a los profesores que utilizaran métodos de enseñanza específicos que no hubieran elegido? Imagine, por ejemplo, que a un profesor se le pide que pase el tiempo de clase de una manera claramente prescrita: un tercio del tiempo dedicado a la lección, otro tercio a la discusión en grupos pequeños y el tercio final a la discusión dirigida por el maestro.

¿Evitaría tal requisito que un instructor exprese libremente sus propios puntos de vista, que plantee temas controvertidos en clase, que se gane el respeto y la confianza de los estudiantes, o que haga que los estudiantes piensen críticamente por sí mismos? Claramente, un maestro aún podría lograr todos estos objetivos incluso si se le requiere usar tales métodos de enseñanza. Por supuesto, es posible que un requisito de metodología de enseñanza diferente pueda poner en peligro el bien social. Por ejemplo, si a un maestro se le prohibiera dar conferencias y se le exigiera que supervisara la discusión dirigida por los estudiantes y el trabajo en grupo, la libertad de expresión podría verse obstaculizada y el bien social de la educación estaría en peligro.

Dimensionamiento de la libertad de cátedra

De la libertad de cátedra,se dimensiona que dentro de las universidades representa una especie de derecho laboral especialísimo; y fuera de la universidad, corresponde a la ampliación de las libertades civiles. El Profesor John Dewey identifica dos dimensiones que configurarían la noción de la liberta de catedra: la libertad académica entendida como libertad de expresión y como libertad de trabajo. De forma generalizada, se ha dicho que, de estas dos libertades, ha peligrado el ejercicio de la primera. Aunque no se debe soslayar, la otra amenazada ya que no se le ha prestado la atención debida: la libertad de trabajo.

Este derecho es sustancialmente más importante que la libertad de expresión, puesto que un ataque a éste afecta la función principal de la universidad. Considerando, por un lado, que las obstrucciones a la libertad de trabajo son menos evidentes –intangibles en palabras de Dewey– en comparación con la libertad de expresión, y por otro, que las limitaciones a dicha garantía se dan al interior de la universidad y de forma orgánica, la situación para el profesor se vuelve más compleja.

Ahora bien, los fundamentos esgrimidos por los profesores universitarios para fundamentar la existencia de la garantía a la libertad de catedra son coherentes con la dignidad de la persona, y específicamente, con la dignidad del académico. La dignidad del trabajo al interior de las universidades radica en que quienes la conforman –maestros y alumnos– tienden, o debieran tender, a extraer la esencia de las cosas, a descubrir cuáles son los principios que dirigen la realidad: a desentrañar la verdad de las cosas circundantes. Lo valioso de esta actividad está en su propia naturaleza que redunda en la ética, en comparación con la riqueza, el poder o el honor. La dignidad académica deriva directamente de su objeto propio, puesto que le otorga al docente un estatus distinto que lo diferencia del resto de la comunidad, toda vez que su misión consiste en la búsqueda de la verdad.

En la Recomendación relativa a la Condición del Personal Docente de la Enseñanza Superior por la UNESCO (1997), se presenta un capitulado sobre "Derechos y libertades del personal docente de la enseñanza superior" y la primera sección se refiere a Derechos y libertades individuales: derechos civiles, libertad académica, derechos de publicación, e intercambio internacional de información. Es justamente en este apartado que se establece que el personal docente de la enseñanza superior tiene derecho al mantenimiento de la libertad académica, o sea la libertad de poder enseñar y debatir sin verse limitado por doctrinas establecidas y esta libertad se verá manifestada en la posibilidad de llevar a cabo investigaciones y publicar los resultados objetos, en la capacidad de expresar libremente sus opiniones sobre la institución o el sistema educativo en el que trabaja sin existencia de consecuencias de tipo laboral, en la libertad que se tendrá ante la censura institucional y en la libertad de participar de órganos profesionales u organizaciones académicas representativas. Termina concluyendo que todo el personal docente de la enseñanza superior debe poder ejercer sus funciones sin sufrir discriminación y sin el miedo a represalias por parte del Estado o cualquier otra entidad.

Es importante recalcar aquí que los términos libertad de cátedra y libertad académica suelen ser utilizados como si fueran sinónimos, sin embargo, cabe resaltar que no lo son necesariamente, aunque sin duda están relacionados entrañablemente. Luego de una somera investigación y recolección de datos, se puede establecer que la libertad académica, que nació en la Universidad de Leiden en los Países Bajos, incluye la libertad de los profesores, estudiantes e instituciones académicas de tener como meta la búsqueda desinteresada de la verdad y del conocimiento, sin importar a dónde conduzca y sin una interferencia indebida o irrazonable (Klein, 2004).

Enseñar para la libertad

La enseñanza en su máxima expresión es una empresa dedicada a la ilustración y la libertad, a la causa de la humanidad misma, y que los maestros a menudo se ven atrapados entre ese ideal que suena romántico y el sucio negocio de la dominación y la coerción que es el sello distintivo de tanto de lo que llamamos escolarización. Enseñar para la humanización es un trabajo arduo, duro, y es más probable que sea elegido por maestros bien conscientes de las verdaderas dimensiones de la lucha. Los profesores e investigadores actúan, a veces, como mentor y guía, a veces como aliado o mero testigo, siempre como alumno de nuestros alumnos. No se les explota ni humilla; la resistencia se concreta especialmente a los funcionamientos institucionales que los reducen o los borran, simplemente por estar de su lado.

El docente crea en sus aulas aulas una comprensión del valor inestimable e irreductible de cada vida humana, y un sentido de que cada uno tiene la capacidad única de elegir, de forma, y en concierto con otros, para crear la realidad. Siempre comprometidos, también, a crear una república de muchas voces, un ambiente de aprendizaje caracterizado por el diálogo, un lugar donde cada estudiante pueda presentarse como realmente es, sin máscaras, donde cada persona pueda ser vista y escuchada, honrada y respetado. Sin duda, el maestro incide en la creación de un espacio para promulgar una educación vinculada a las vidas a través de las experiencias de los estudiantes y conectada a un mundo más grande y dinámico; prestando especial atención tanto al entorno de aprendizaje como a los círculos concéntricos del contexto en los que se lleva a cabo el proceso enseñanza-aprendizaje; comprometido en la lucha por una verdadera conciencia de un mundo cada dia mas complejo, a sentir su peso mientras intentamos levantarlo.

Lo anterior, representa lo sustancial de la enseñanza hacia la libertad: indica una dirección, pero no es un destino fácilmente definido o definitivo. La enseñanza hacia la libertad nunca se asienta, nunca se acaba, sino que es, más bien, una postura y un compromiso, en el espacio del tiempo que nos toca convivir. Se adquiere el compromiso con el viaje, y en ese gesto se debe aprender a resistir la ortodoxia con sus resistencias al cambio y sus métodos anquilosados, a abrirnos a lo nuevo y a lo posible, aun cuando se reine en lo extravagante y lo metafísico. Esto crea un círculo completo: si imaginamos a cada uno de nuestros estudiantes como una chispa ingobernable de energía generadora de significado en un viaje de descubrimiento y sorpresa, ¿cómo podemos imaginarnos a nosotros mismos como algo menos? Y sobre todo, ¿por qué se empecinan los poderes en turno en bloquearlo? Dado que la energía no es más que el potencial de cambio, si los alumnos la tienen, ¿por qué no la tendría el profesor también? Cada uno de los estudiantes es un trabajo en constante progreso, y el maestro necesita ver que el también es un producto inacabado, dinámico, en tránsito y en movimiento. El profesor y/o investigador también es un nodo de energía capaz, tal vez incluso deseoso, de cambiar. En la academia, todo integrante es un trabajo en progreso.

La docencia es trabajo intelectual y ético; se necesita una persona considerada, reflexiva y abierta para hacerlo bien. Se necesita un cerebro y un corazón. El primer y fundamental desafío para los maestros es abrazar a los estudiantes como criaturas tridimensionales, como seres humanos distintos con corazones, mentes, habilidades, sueños y capacidades propias, como personas muy parecidas a nosotros. Un maestro necesita un cerebro para atravesar el algodón que asfixia la mente, para ver más allá de la ventisca de etiquetas a este joven específico, inquieto, completo y real, que comprenda la importancia de ese gesto, para reconocer en lo más profundo de su ser que cada individuo es invaluable, inigualable, único y que jamás nadie como él, volverá a pisar esta tierra, merecedor de lo mejor que un maestro puede dar: respeto, asombro, reverencia, compromiso.

Un maestro que asume este desafío fundamental es un maestro que trabaja contra la corriente: hay que tener valor. Todas las presiones de la educación empujan a los maestros a actuar como oficinistas y funcionarios, partes intercambiables en una línea de producción vasta, reluciente y altamente racionalizada. Enseñar con corazón y cerebro, ver la educación como una empresa profundamente humanizadora, enseñar hacia la libertad, hacia la apertura de posibilidades infinitas para sus estudiantes—requiere coraje. El coraje es una cualidad que se nutre de la solidaridad con los demás: es un logro de colegas y aliados. Para enseñar con pensamiento, cuidado y coraje, realmente se necesita un espacio de plena Libertad Académica.

En contraste a lo mencionado y es la realidad actual de las instituciones de educación superior, es enmascarar o abandonar la educación como estrategia para abrir puertas, abrir mentes, abrir posibilidades. Con demasiada frecuencia, la administración institucional tiene la misión de clasificar y castigar, calificar, jerarquizar y certificar para algunos y premiar sin justificación alguna al sumiso que les siguen sus juegos antidemocráticos. La educación en la libertad es incondicional, no pide nada a cambio, mientras que la actual exige obediencia y conformidad como condición. La educación libre es sorpresiva e indisciplinada y desordenada y gratuita, mientras que en la *pseudo* educación actual fomenta el oscurantismo y se centra en obedecer órdenes y nunca cuestionar o fomentar la crítica, beneficiando el plagio ligero irreflexivo. Se les ha olvidado de que el aprendizaje es crucial para la evolución de la humanidad.

La capacidad de construir bloques de temas complejos y de codificar y transmitir conocimientos ha sido la dimensión esencial que distingue a los humanos de todas las demás criaturas. Desde la antigüedad, han evolucionado centros de aprendizaje que redujeron el costo de transmisión de ideas e innovaciones entre profesiones y oficios (Czincota, 2006).

Bajo la *Libertad Académica*, la educación libera la mente, mientras que sin ella, la escolarización burocratiza el cerebro. Un educador libre da rienda suelta a lo impredecible, mientras que muchos maestros, hoy en día, con compromisos adquiridos por parentesco o amiguismo, están sumisos a la autoridad en turno, dando origen y preservando una instrucción centrada en una obsesión enfermiza de que la verdad está en su palabra dentro del aula y cuyas clases se ajustan a planes de estudio lineales sin una contextualización crítica, creativa y social, en otras palabras repetidores sin hermenéutica y sin sentido epistemológico.

La enseñanza en la libertad va más allá de presentar lo que ya es; es enseñar hacia lo que podría ser, lo que debería ser, lo que aún no es. Es más que estructuras y pautas morales; incluye, también, una exposición y una comprensión de las realidades materiales (ventajas y desventajas, privilegios y opresiones). La enseñanza de este tipo podría incitar a las personas a unirse con criterios creativos e innovadores, reflexivos y críticos. Los estudiantes, entonces, pueden encontrarse insatisfechos con lo que ayer parecía el orden natural de las cosas. En este punto, cuando la conciencia se vincula con la conducta y el trastorno está en el aire, la enseñanza se convierte en un llamado a la libertad.

De la libertad de cátedra, se dimensiona que dentro de las universidades representa una especie de derecho laboral especialísimo; y fuera de la universidad, corresponde a la ampliación de las libertades civiles. El Profesor John Dewey identifica dos dimensiones que configurarían la noción de la liberta de catedra: la libertad académica entendida como libertad de expresión y como libertad de trabajo. De forma generalizada, se ha dicho que, de estas dos libertades, ha peligrado el ejercicio de la primera. Aunque no se debe soslayar, la otra amenazada y que no se le ha prestado mucha atención: la libertad de trabajo.

Este derecho es sustancialmente más importante que la libertad de expresión, puesto que un ataque a éste afecta la función principal de la universidad. Considerando, por un lado, que las obstrucciones a la libertad de trabajo son menos evidentes –intangibles en palabras de Dewey– en comparación con la libertad de expresión, y por otro, que las limitaciones a dicha garantía se dan al interior de la universidad y de forma orgánica, la situación para el professor se vuelve más compleja.

Ahora bien, los fundamentos esgrimidos por los profesores universitarios para fundamentar la existencia de la garantía a la libertad de catedra son coherentes con la dignidad de la persona, y específicamente, con la dignidad del académico. La dignidad del trabajo al interior de las universidades radica en que quienes la conforman –maestros y alumnos– tienden, o debieran tender, a extraer la esencia de las cosas, a descubrir cuáles son los principios que dirigen la realidad: a desentrañar la verdad de las cosas circundantes. Lo valioso de esta actividad está en su propia naturaleza que redunda en la ética, en comparación con la riqueza, el poder o el honor. La dignidad académica deriva directamente de su objeto propio, puesto que le otorga al docente un estatus distinto que lo diferencia del resto de la comunidad, toda vez que su misión consiste en la búsqueda de la verdad.

Sin duda, la Libertad Académica, conlleva elementos que generan inquietudes para aquellos empecinados en buscar controles que les permitan desviaciones sustanciales de las normas y leyes, por lo que se tiene que implemetar mecanismos y luchas permanentes para consolidar los elementos sustantivos:

> *Libertad de la censura institucional*
> *Libertad de participación en cuerpos de representatividad, gobierno y académicos*
> *Libertad de enseñanza y discusión*
> *Libertad para realizar investigación, su divulgación y publicación de resultados*
> *Libertad de expresar libremente las opiniones acerca de la institución o sistema de trabajo.*

En México, la libertad de cátedra esta enmarcada en el Articulo 3o, de la Constitución Política de los Estados Unidos Mexicanos, que establece puntualmente lo siguiente:

Artículo 3o.-
Toda persona tiene derecho a la educación. El Estado -Federación, Estados, Ciudad de México y Municipios- impartirá y garantizará la educación inicial, preescolar, primaria, secundaria, media superior y superior. La educación inicial, preescolar, primaria y secundaria, conforman la educación básica; ésta y la media superior serán obligatorias, la educación superior lo será en términos de la fracción X del presente artículo. La educación inicial es un derecho de la niñez y será responsabilidad del Estado concientizar sobre su importancia.
(ADICIONADO, D.O.F. 15 DE MAYO DE 2019)

Corresponde al Estado la rectoría de la educación, la impartida por éste, además de obligatoria, será universal, inclusiva, pública, gratuita y laica.
(DEROGADO TERCER PÁRRAFO, D.O.F. 15 DE MAYO DE 2019)
(REFORMADO, D.O.F. 15 DE MAYO DE 2019)

La educación se basará en el respeto irrestricto de la dignidad de las personas, con un enfoque de derechos humanos y de igualdad sustantiva. Tenderá a desarrollar armónicamente todas las facultades del ser humano y fomentará en él, a la vez, el amor a la Patria, el respeto a todos los derechos, las libertades, la cultura de paz y la conciencia de la solidaridad internacional, en la independencia y en la justicia; promoverá la honestidad, los valores y la mejora continua del proceso de enseñanza aprendizaje.
(ADICIONADO, D.O.F. 15 DE MAYO DE 2019)

El Estado priorizará el interés superior de niñas, niños, adolescentes y jóvenes en el acceso, permanencia y participación en los servicios educativos.
(ADICIONADO, D.O.F. 15 DE MAYO DE 2019)

Las maestras y los maestros son agentes fundamentales del proceso educativo y, por tanto, se reconoce su contribución a la trasformación social. Tendrán derecho de acceder a un sistema integral de formación, de capacitación y de actualización retroalimentado por evaluaciones diagnósticas, para cumplir los objetivos y propósitos del Sistema Educativo Nacional.
(ADICIONADO, D.O.F. 15 DE MAYO DE 2019)

La ley establecerá las disposiciones del Sistema para la Carrera de las Maestras y los Maestros en sus funciones docente, directiva o de supervisión. Corresponderá a la Federación su rectoría y, en coordinación con las entidades federativas, su implementación, conforme a los criterios de la educación previstos en este artículo.

41

La admisión, promoción y reconocimiento del personal que ejerza la función docente, directiva o de supervisión, se realizará a través de procesos de selección a los que concurran los aspirantes en igualdad de condiciones y establecidos en la ley prevista en el párrafo anterior, los cuales serán públicos, transparentes, equitativos e imparciales y considerarán los conocimientos, aptitudes y experiencia necesarios para el aprendizaje y el desarrollo integral de los educandos. Los nombramientos derivados de estos procesos sólo se otorgarán en

términos de dicha ley. Lo dispuesto en este párrafo en ningún caso afectará la permanencia de las maestras y los maestros en el servicio. A las instituciones a las que se refiere la fracción VII de este artículo no les serán aplicables estas disposiciones.

(ADICIONADO, D.O.F. 15 DE MAYO DE 2019)

El Estado fortalecerá a las instituciones públicas de formación docente, de manera especial a las escuelas normales, en los términos que disponga la ley.

(ADICIONADO, D.O.F. 15 DE MAYO DE 2019)

Los planteles educativos constituyen un espacio fundamental para el proceso de enseñanza aprendizaje. El Estado garantizará que los materiales didácticos, la infraestructura educativa, su mantenimiento y las condiciones del entorno, sean idóneos y contribuyan a los fines de la educación.

(ADICIONADO, D.O.F. 15 DE MAYO DE 2019)

A fin de dar cumplimiento a lo dispuesto en la fracción II de este artículo, el Ejecutivo Federal determinará los principios rectores y objetivos de la educación inicial, así como los planes y programas de estudio de la educación básica y normal en toda la República; para tal efecto, considerará la opinión de los gobiernos de las entidades federativas y de diversos actores sociales involucrados en la educación, así como el contenido de los proyectos y programas educativos que contemplen las realidades y contextos, regionales y locales.

(ADICIONADO, D.O.F. 15 DE MAYO DE 2019)

Los planes y programas de estudio tendrán perspectiva de género y una orientación integral, por lo que se incluirá el conocimiento de las ciencias y humanidades: la enseñanza de las matemáticas, la lectoescritura, la literacidad, la historia, la geografía, el civismo, la filosofía, la tecnología, la innovación, las lenguas indígenas de nuestro país, las lenguas extranjeras, la educación física, el deporte, las artes, en especial la música, la promoción de estilos de vida saludables, la educación sexual y reproductiva y el cuidado al medio ambiente, entre otras.

(REFORMADA, D.O.F. 5 DE MARZO DE 1993)

I. Garantizada por el artículo 24 la libertad de creencias, dicha educación será laica y, por tanto, se mantendrá por completo ajena a cualquier doctrina religiosa;

(REFORMADA, D.O.F. 5 DE MARZO DE 1993)

II. El criterio que orientará a esa educación se basará en los resultados del progreso científico, luchará contra la ignorancia y sus efectos, las servidumbres, los fanatismos y los prejuicios. Además:

a) Será democrático, considerando a la democracia no solamente como una estructura jurídica y un régimen político, sino como un sistema de vida fundado en el constante mejoramiento económico, social y cultural del pueblo;

(REFORMADO, D.O.F. 26 DE FEBRERO DE 2013)

b) Será nacional, en cuanto -sin hostilidades ni exclusivismos – atenderá a la comprensión de nuestros problemas, al aprovechamiento de nuestros recursos, a la defensa de nuestra independencia política, al aseguramiento de nuestra independencia económica y a la continuidad y acrecentamiento de nuestra cultura;

(REFORMADO, D.O.F. 15 DE MAYO DE 2019)

c) Contribuirá a la mejor convivencia humana, a fin de fortalecer el aprecio y respeto por la naturaleza, la diversidad cultural, la dignidad de la persona, la integridad de las familias, la convicción del interés general de la sociedad, los ideales de fraternidad e igualdad de derechos de todos, evitando los privilegios de razas, de religión, de grupos, de sexos o de individuos;

(DEROGADO, D.O.F. 15 DE MAYO DE 2019)

d) (Derogado)

(ADICIONADO, D.O.F. 15 DE MAYO DE 2019)

e) Será equitativo, para lo cual el Estado implementará medidas que favorezcan el ejercicio pleno del derecho a la educación de las personas y combatan las desigualdades socioeconómicas, regionales y de género en el acceso, tránsito y permanencia en los servicios educativos.

En las escuelas de educación básica de alta marginación, se impulsarán acciones que mejoren las condiciones de vida de los educandos, con énfasis en las de carácter alimentario. Asimismo, se respaldará a estudiantes en vulnerabilidad social, mediante el establecimiento de políticas incluyentes y transversales.

En educación para personas adultas, se aplicarán estrategias que aseguren su derecho a ingresar a las instituciones educativas en sus distintos tipos y modalidades.

En los pueblos y comunidades indígenas se impartirá educación plurilingüe e intercultural basada en el respeto, promoción y preservación del patrimonio histórico y cultural;

(ADICIONADO, D.O.F. 15 DE MAYO DE 2019)

f) Será inclusivo, al tomar en cuenta las diversas capacidades, circunstancias y necesidades de los educandos. Con base en el principio de accesibilidad se realizarán ajustes razonables y se implementarán medidas específicas con el objetivo de eliminar las barreras para el aprendizaje y la participación;

(ADICIONADO, D.O.F. 15 DE MAYO DE 2019)

g) Será intercultural, al promover la convivencia armónica entre personas y comunidades para el respeto y reconocimiento de sus diferencias y derechos, en un marco de inclusión social;

(ADICIONADO, D.O.F. 15 DE MAYO DE 2019)

h) Será integral, educará para la vida, con el objeto de desarrollar en las personas capacidades cognitivas, socioemocionales y físicas que les permitan alcanzar su bienestar, e

(ADICIONADO, D.O.F. 15 DE MAYO DE 2019)

i) Será de excelencia, entendida como el mejoramiento integral constante que promueve el máximo logro de aprendizaje de los educandos, para el desarrollo de su pensamiento crítico y el fortalecimiento de los lazos entre escuela y comunidad;

(DEROGADA, D.O.F. 15 DE MAYO DE 2019)

III. (DEROGADA)

(REFORMADA, D.O.F. 5 DE MARZO DE 1993)

IV. Toda la educación que el Estado imparta será gratuita;

(REFORMADA, D.O.F. 15 DE MAYO DE 2019)

V. Toda persona tiene derecho a gozar de los beneficios del Desarrollo de la ciencia y la innovación tecnológica. El Estado apoyará la investigación e innovación científica, humanística y tecnológica, y garantizará el acceso abierto a la información que derive de ella, para lo cual deberá proveer recursos y estímulos suficientes, conforme a las bases de coordinación, vinculación y participación que establezcan las leyes en la materia; además alentará el fortalecimiento y difusión de nuestra cultura; educación en todos sus tipos y modalidades. En los términos que establezca la ley, el Estado otorgará y retirará el reconocimiento de validez oficial a los estudios que se realicen en planteles particulares.

En el caso de la educación inicial, preescolar, primaria, secundaria y normal, los particulares deberán:

(REFORMADO, D.O.F. 15 DE MAYO DE 2019)

a) Impartir la educación con apego a los mismos fines y criterios que establece el párrafo cuarto, y la fracción II, así como cumplir los planes y programas a que se refieren los párrafos décimo primero y decimo segundo, y

(REFORMADO, D.O.F. 5 DE MARZO DE 1993)

b) Obtener previamente, en cada caso, la autorización expresa del poder público, en los términos que establezca la ley;

(REFORMADA, D.O.F. 26 DE FEBRERO DE 2013)

VII. Las universidades y las demás instituciones de educación superior a las que la ley otorgue autonomía, tendrán la facultad y la responsabilidad de gobernarse a sí mismas; realizarán sus fines de educar, investigar y difundir la cultura de acuerdo con los principios de este artículo, respetando la libertad de cátedra e investigación y de libre examen y discusión de las ideas; determinarán sus planes y programas; fijarán los términos de ingreso, promoción y permanencia de su personal académico; y administrarán su patrimonio. Las relaciones laborales, tanto del personal académico como del administrativo, se normarán por el apartado A del artículo 123 de esta Constitución, en los términos y con las modalidades que establezca la Ley Federal del Trabajo conforme a las características propias de un trabajo especial, de manera que concuerden con la autonomía, la libertad de cátedra e investigación y los fines de las instituciones a que esta fracción se refiere;

(REFORMADA, D.O.F. 15 DE MAYO DE 2019)

VIII. El Congreso de la Unión, con el fin de unificar y coordinar la educación en toda la República, expedirá las leyes necesarias, destinadas a distribuir la función social educativa entre la Federación, las entidades federativas y los Municipios, a fijar las aportaciones económicas correspondientes a ese servicio público y a señalar las sanciones aplicables a los funcionarios que no cumplan o no hagan cumplir las disposiciones relativas, lo mismo que a todos aquellos que las infrinjan;

(REFORMADA, D.O.F. 15 DE MAYO DE 2019)

IX. Para contribuir al cumplimiento de los objetivos de este artículo, se crea el Sistema Nacional de Mejora Continua de la Educación, que será coordinado por un organismo público descentralizado, con autonomía técnica, operativa, presupuestaria, de decisión y de gestión, con personalidad jurídica y patrimonio propios, no sectorizado, al que le corresponderá:

a) Realizar estudios, investigaciones especializadas y evaluaciones diagnósticas, formativas e integrales del Sistema Educativo Nacional;

b) Determinar indicadores de resultados de la mejora continua de la educación;

c) Establecer los criterios que deben cumplir las instancias evaluadoras para los procesos valorativos, cualitativos, continuos y formativos de la mejora continua de la educación;

d) Emitir lineamientos relacionados con el desarrollo del magisterio, el desempeño escolar, los resultados de aprendizaje; así como de la mejora de las escuelas, organización y profesionalización de la gestión escolar;

e) Proponer mecanismos de coordinación entre las autoridades educativas federal y de las entidades federativas para la atención de las necesidades de las personas en la materia;

f) Sugerir elementos que contribuyan a la mejora de los objetivos de la educación inicial, de los planes y programas de estudio de educación básica y media superior, así como para la educación inclusiva y de adultos, y

g) Generar y difundir información que contribuya a la mejora continua del Sistema Educativo Nacional.

La ley establecerá las reglas para la organización y funcionamiento del organismo para la mejora continua de la educación, el cual regirá sus actividades con apego a los principios de independencia, transparencia, objetividad, pertinencia, diversidad e inclusión. Definirá también los mecanismos y acciones necesarios que le permitan una eficaz colaboración y coordinación con las autoridades educativas federal y locales para el cumplimiento de sus respectivas funciones.

El organismo contará con una Junta Directiva, un Consejo Técnico de Educación y un Consejo Ciudadano.

La Junta Directiva será la responsable de la conducción, planeación, programación, organización y coordinación de los trabajos del organismo al que se refiere este artículo. Se integrará por cinco personas que durarán en su encargo siete años en forma escalonada y serán nombradas por la Cámara de Senadores, con el voto de las dos terceras partes de sus integrantes. El Presidente de la Junta Directiva será nombrado por sus integrantes y presidirá el Consejo Técnico de Educación.

El Consejo Técnico de Educación asesorará a la Junta Directiva en los términos que determine la ley, estará integrado por siete personas que durarán en el encargo cinco años en forma escalonada. Serán nombradas por la Cámara de Senadores, con el voto de las dos terceras partes de sus integrantes. En su composición se procurará la diversidad y representación de los tipos y modalidades educativos, así como la paridad de género. En caso de falta absoluta de alguno de sus integrantes, la persona sustituta será nombrada para concluir el periodo respectivo.

Las personas que integren la Junta Directiva y el Consejo Técnico de Educación, deberán ser especialistas en investigación, política educativa, temas pedagógicos o tener experiencia docente en cualquier tipo o modalidad educativa; además acreditar el grado académico de su especialidad y experiencia, no haber sido dirigente de algún partido político o candidato a ocupar un cargo de elección popular en los cuatro años anteriores a la designación y cumplir con los requisitos que establezca la ley. Sólo podrán ser removidos por causa grave en los términos del Título Cuarto de esta Constitución.

El organismo al que se refiere esta fracción, contará con un Consejo Ciudadano honorífico, integrado por representantes de los sectores involucrados en materia educativa. La ley determinará las atribuciones, organización y funcionamiento de dicho Consejo, y

(ADICIONADA, D.O.F. 15 DE MAYO DE 2019)

X. La obligatoriedad de la educación superior corresponde al Estado. Las autoridades federal y locales establecerán políticas para fomentar la inclusión, permanencia y continuidad, en términos que la ley señale. Asimismo, proporcionarán medios de acceso a este tipo educativo para las personas que cumplan con los requisitos dispuestos por las instituciones públicas

Un Estado de Derecho debe siempre velar por el respeto total de los derechos fundamentales, y como tal el derecho a la libertad de cátedra tiene que considerarse como pilar básico de una sociedad educada y preparada. Si los profesores universitarios reciben amenazas de los grupos de poder por lo que enseñan en centros de educación superior, no solo se está transgrediendo la libertad de cátedra del docente, sino también su libertad de expresión y pensamiento, el derecho a la educación que tienen los estudiantes y se estaría vulnerando el nivel de calidad que deberían tener las Universidades.

Como expresa Williams (2018), *"en un entorno académico en el que el conocimiento y la comprensión son los objetivos, los profesores son responsables de descubrir y luego decir la verdad, y de alentar a los estudiantes a hacer lo mismo. Si las verdades no se escriben ni se dicen, los profesores deshonran a la humanidad y la profesión que eligieron. Porque el silencio, cuando hay algo que decir, es tanto un engaño y una traición como una mentira hablada o escrita"*.

La importancia, por tanto, de la libertad de cátedra recae entonces en ser un instrumento idóneo para que los docentes puedan impartir su conocimiento sin temor alguno a censura o posible sanción causada por el contenido de las lecciones u tópicos tratados, analizados y discutidos. El momento en que un profesor y/o investigador se vea en una situación comprometedora con respecto a su ejercicio como maestro, el estudiante verá menoscabado su derecho a la educación.

La Libertad y el Conocimiento

Cuando se rechaza cualquier conexión con la verdad, surge una gran confusión sobre el significado y el propósito del conocimiento. A menudo, como muestran los debates sobre el uso de la tecnología en la educación y la sustitución de la enseñanza presencial por cursos en línea, el conocimiento se reduce simplemente a datos y hechos fácilmente accesibles en Internet. En la "era de la información", la idea de leer libros de principio a fin, o incluso asistir a conferencias, puede parecer obsoleta cuando se puede acceder a todo lo que se sabe sobre un tema con solo presionar un botón.

Gerald Raunig (2013), escribiendo en Factories of Knowledge Industries of Creativity, argumenta que el conocimiento es solo información, una mercancía comercializable y la fuerza motriz del capitalismo del siglo XXI. Otros dentro de la academia están de acuerdo en que el conocimiento ahora se ha convertido en un bien valioso, comercializado a través de libros, artículos y conferencias, así como patentes y contratos o asignaciones gubernamentales dentro de una economía neoliberal (Oparah, 2014).

El conocimiento se confunde aún más con las habilidades, un término que ha llegado a adquirir una gama cada vez más amplia de significados (Winch, 2002). A diferencia del conocimiento, que puede ser completamente abstracto y conceptual, las habilidades tienden a estar orientadas a la práctica, donde a menudo se ilusionan como demostrables y útiles, solo dentro de ciertos contextos específicos.

Las instituciones de educación superior se llevan a cabo por el bien común y no para promover el interés del maestro individual o de la institución en su conjunto. El bien común depende de la libre búsqueda de la verdad y de su libre exposición...... La libertad académica puede servir al bien público solo si las universidades, como instituciones, están libres de presiones externas en el ámbito de su misión académica y los miembros individuales de la facultad son libres de continuar con su investigación y enseñanza sujetas solo al juicio académico de sus pares.

Robert Post

La simulación de la Libertad Académica dentro de las Instituciones de Educación Superior induce el embrutecimiento endógeno y es la culpable de acelerar la apoptosis social

José Luis Ibave

Muchos profesores se replegaron hacia especializaciones académicas y un lenguaje arcano que los hizo irrelevantes para la tarea de defender la universidad como un bien público, excepto en algunos casos para una audiencia muy pequeña. Esto se ha vuelto cada vez más claro en los últimos años a medida que los académicos se han vuelto tan insulares, a menudo reacios o incapaces de defender la universidad como un bien público, a pesar de los ataques generalizados a la libertad académica, minimizando el papel de la universidad como institución democrática dentro de la esfera pública, y la reducción cada vez mayor del conocimiento a convertirse en una mercancía vendible, y atomizar a los estudiantes para tipificarlos como clientes.

Henry Giroux

CAPITULO IV

LA LIBERTAD ACADEMICA Y LA UNIVERSIDAD

José Luis Ibave González, Joel Badillo Lucero y Guillermo Cervantes Delgado

Del latín *universĭtas*, la universidad es una institución de enseñanza superior formada por diversas facultades y que otorga distintos grados académicos. Estas instituciones pueden incluir, además de las facultades, distintos departamentos, colegios, centros de investigación y otras entidades. Tradicionalmente, a la universidad se le circunscribe para que cumpla diversas funciones esenciales para la vida en sociedad. Educa en las artes y ciencias; produce profesionales; prepara para el mercado laboral (una visión torpe que aún se continúa prevaleciendo); forma ciudadanos. Genera conocimiento y tecnología; y es depositaria del saber del país.

La libertad académica se refiere a la libertad de los individuos para estudiar, enseñar, investigar y publicar sin estar sujetos o causar interferencias indebidas. La libertad académica se concede con la creencia de que mejora la búsqueda y la aplicación de conocimientos valiosos y, como tal, la sociedad la apoya mediante la financiación de los académicos y sus instituciones. La libertad académica encarna la aceptación por parte de los académicos de la necesidad de fomentar la apertura y la flexibilidad en el trabajo académico, y de su rendición de cuentas entre sí y con la sociedad en general (Tight, 1988).

Este tipo de definición enfatiza el concepto de libertad académica como libertad de, es decir, libertad de interferencia. Otros ven la libertad académica como algo más sobre la libertad de, es decir, la libertad de participar en apropiadas actividades académicas.

La libertad del maestro o investigador en instituciones de educación superiores centradas en el aprendizaje para investigar y discutir los problemas dentro de sus campos de ciencia y para expresar sus conclusiones, ya sea a través de la publicación o en la instrucción de los estudiantes sin interferencia de la autoridad política o eclesiástica o de los funcionarios administrativos de la institución en la que está empleado, a menos que órganos calificados de su propia profesión determinen que sus métodos son claramente incompetentes o contrarios a la ética profesional (Arthur Lovejoy, citado en Worgul, 1992).

La universidad se rige, ante todo, por acciones de descubrimiento; y que tal descubrimiento e inventiva, representa la aventura que es una Universidad, la cual está moldeada por una demanda continua a la apertura de la posibilidad. La palabra que se asocia dar a esa apertura a la posibilidad, es simplemente *la libertad*. Es por ello que, en todo argumento sobre la existencia de la Universidad, debe de estar ligada a la esencia misma: la Universidad existe para la extensión de la libertad; atendiendo esta demanda a cuestiones de juicio. El juicio, a su vez, permite buscar lo que constituye la justicia; y, si esta ha de ser una justicia dentro de un espacio público que se forme y se comparta en una comunidad, entonces dependerá, con certeza, de una demanda por la democracia.

Por lo general, las instituciones de educación superior se organizan en una especie de atomización llamadas facultades, cuyas funciones y quehaceres abarcan normalmente: Ciencias, Ciencias Sociales y Artes. Es a través de la búsqueda de lo que llamamos verdadero (ciencia), de lo que llamamos bueno (ciencias sociales) y de lo que llamamos bello (en estética, artes y humanidades) que practicamos esta actividad fundamenta el extender libertad sustentando una democracia justa. Sobre todo, sin embargo, aquí domina la búsqueda: no existe una cualidad única y ciertamente estable de verdad, bondad o belleza. Estos son asuntos de la esfera pública y para juicios justos dentro de esa esfera, pero aquí radica la importancia de la Universidad, como entidad existencial para sustentar esa esfera.

En este contexto, se hace pertinente considerar lo expuesto por Bell (1970), donde argumenta que esencialmente existen solo dos modelos reales de la Universidad, a los que tipificó como modelos "clásico" y "pragmático". En el modelo clásico, la Universidad es "aquella institución en la sociedad dotada de la función especial (y la inmunidad extraordinaria) de buscar la verdad y evaluar la cultura de la época. En ese sentido, es libre de cuestionar todo – en teoría'.

Esta Universidad clásica no tiene, por tanto, función práctica; sino que existe como una especie de conciencia de la sociedad. Es una conciencia libre, vagando sobre cualquier cosa y todo, pero es puramente especulativa: sus ideas existen en lo que la ideología dominante consideraría como un "mercado de ideas". Si las ideas han de realizarse en cualquier forma de acción material o historia, entonces estarán más allá de la institución, y las acciones serán realizadas por quienes no forman parte de la institución.

Aquí hay un corolario importante. En este modo de pensar, la sociedad se divide en primer lugar en esferas separadas de actividad: una llamada "erudición" o teoría, la otra llamada "ciudadanía" o acción. Esto representa la atomización de la vida que aún no está justificada teóricamente. De acuerdo con esto, un sujeto como 'erudito', de hecho, saca sus pensamientos a las calles y los representa en alguna forma de actividad, en ese momento he dejado de ser un erudito, y en cambio se ha convertido en un ' ciudadano'. La atomización, por así decirlo, llega hasta el fondo, e incluso fractura todo sentido de individualidad e identidad: considerada ésta, como una aglomeración de autodescripciones discretas.

Así mismo, se presenta un modelo pragmático que posiciona preponderantemente la función de la universidad al servicio de la sociedad: servicio en la formación de un gran número de personas, servicio en la aplicación del conocimiento, servicio de los miembros de la universidad en gobierno y en otros lugares. La Universidad pragmática trabaja en el ámbito y dominio del mundo material e histórico, y evita ser reducida a la condición de mera "conciencia". Desempeña su papel en la determinación de los asuntos a través del servicio al mercado financiero, y está diseñado para contribuir al crecimiento del Producto Interno Bruto, en la prosperidad personal y en el poder.

En este modelo se aborda el problema de la atomización; pero el costo de eso es dejar a la erudición en una posición incómoda en la que pierde toda autonomía real. Si bien se supone que la investigación académica está descubriendo cosas nuevas en términos de cómo la investigación cumplirá con sus condiciones pedagógicas, pero también asume en múltiples ocasiones que de lo que se está descubriendo, sobre todo referente a cosas o productos (tangibles) están diseñadas para servir a otros y sus intereses. Es por ello, que en este modelo, implica, que el pensamiento no puede estar libre de restricciones, sino que está predeterminado por las elecciones de quien sea el maestro. Nos ocupamos de la atomización entrando en la ideología, por así decirlo; y, en lugar de ser una **"conciencia"**, la Universidad se convierte en una **"agencia"**, una agencia comprometida con el pensamiento y las preferencias de los demás.

Estos dos modelos, nos brindan una opción cruda y esquemática, aunque extremadamente útil. Bell explica la elección clara y sucintamente: "*Si uno elige el primero [el modelo clásico], entonces está excluido, en el papel de erudito e investigador (aunque no como ciudadano), de la defensa política y el partidismo*". Esto es claro: **El modelo clásico es una especie de modelo para el pensamiento libre, pero un pensamiento que no tiene un efecto histórico directo.**

Puede tener tal efecto, por supuesto; pero, para hacerlo, el pensamiento tiene que ser transferido, por así decirlo, a un dominio separado: el dominio de la acción.

Bell de igual forma establece que "*si [uno elige] el segundo [el modelo pragmático], la pregunta se convierte en "¿Quién decidirá?" "¿Deben las universidades servir a los poderes gubernamentales y/o militares? ¿O los pobres urbanos? ¿O los radicales? ¿Debería el criterio ser el interés nacional, la necesidad social, el dominio del dinero, la influencia de los grupos de poder, o qué?".* Esta versión moderna de la antigua pregunta ***Quis custodiet: ¿quién decidirá?*** – plantea la cuestión fundamental de dónde está la autoridad en términos de la relación entre la Universidad y la sociedad. Aún más fundamentalmente, plantea la cuestión de dónde reside la autoridad en términos de la relación entre la conciencia (pensamiento) y la historia (acción).

Adentrando en la reflexión de definir con un criterio más filosófico lo que implica el recinto o lugar para llevar a cabo el ágape de la sabiduría, **la Universidad es, sin duda, una idea, por así decirlo, ante todo; pero no es sólo una idea abstracta, divorciada de la historia material: es de hecho algo que sucede o que tiene lugar, y asume su lugar en una formación social. Formación social que debe de anteponerse a las fuerzas oscuras de control de grupos o intereses, es por ello que si tenemos suerte, estos acontecimientos se vuelven sistemáticos y no episódicos; y, si tenemos más suerte, son sistemáticas en un lugar concreto, la ubicación del grupo de intelectuales que constituye la acción que es la Universidad.**

Típicamente, por ejemplo, nuestras Universidades están organizadas en facultades y disciplinas de varias maneras; y, más típicamente, estos cubrirían las ciencias duras, las ciencias sociales y las artes.

De este modo:

1. La hipótesis: es que la Universidad es donde se persigue lo verdadero, lo bueno y lo bello; es un lugar para el establecimiento de "facultades" específicas, que ahora podríamos identificar como ciencia, ética social y estética.

2. La pretensión o reivindicación: es que la Universidad debe ser sobre la extensión de la libertad, la búsqueda progresiva de las posibilidades humanas, la edificación.

3. *El corolario*: es que la Universidad es el motor de un tipo particular de democracia contemporánea.

Es de esta forma, que la Universidad existe como un punto focal que une tres formas fundamentales y esenciales de investigación humana. Es esa institución que existe para permitirnos buscar lo verdadero, lo bueno y lo bello: en lo verdadero, lo bueno y lo bello, es decir, podemos tener nuestro equivalente contemporáneo de lo medieval. trivium (gramática, retórica y lógica) y quadrivium (aritmética, geometría, astronomía y música).

Bajo el epígrafe de la búsqueda de la verdad irían las búsquedas que se siguen típicamente en las facultades de ciencias duras; bajo la búsqueda del bien marchan las actividades propias de las ciencias sociales; y bajo lo bello encontraremos el lugar adecuado para el pensamiento en el dominio de las artes y las humanidades. ***Claramente, estas tres áreas o facultades no son del todo discretas entre sí: necesariamente hay una gran cantidad de fertilización cruzada.***

La Universidad es, sin duda, el lugar en el que se disputa y se lucha con la información, en un intento de hacer conocimiento. Siguiendo esta lógica, entonces, la Universidad es a donde se asiste para encontrar, no lo que sabemos, sino la extensión de lo que no sabemos; y encontrar formas de lidiar con el hecho de esa ignorancia. De hecho, es la institución la que tiene la ostensiblemente paradójica responsabilidad de ampliar el campo de lo que no sabemos, con el fin de ampliar las posibilidades de la conciencia humana, el pensamiento y la acción humana mientras se esfuerza por abordar y lidiar con la constante ignorancia resultante.

Así mismo, la Universidad es el sitio para el desarrollo de la cultura; y que la cultura, en cuanto cultivo de nuestra humanidad, depende de que esta sea una institución que tiene como prioridad la instauración de un modelo deliberativo de lo social. En definitiva, *la Universidad es un ágora -un espacio abierto y público- de debate y discusión democrática.*

La universidad como un espacio donde personas bien informadas, de diversos campos de interés e investigación, se reúnen más allá del aula y comparten, en sus diálogos, la cultura más general que se debe de valorar. A partir de esto, los académicos e investigadores ofrecen un sentido de la Universidad como algo que existe más allá del estudio, por así decirlo: Es, podría decirse, porque son mucho más que instituciones educativas que las universidades tienen como medida, la virtud de la educación.

La universidad es un acontecimiento que está determinado por su búsqueda de justicia y por la extensión de las libertades.

La Universidad, propiamente interpretada, está intrínsecamente relacionada con la extensión de la democracia; y la democracia es en sí misma intrínsecamente siempre en expansión.

Tomas Docherty

El principio de libertad académica está diseñado para garantizar que el poder fuera de la universidad, incluidos el gobierno, los partidos políticos y las corporaciones, no puedan controlar el plan de estudios o intervenir en el discurso extramuros.

Judith Butler

Un llamado a la democracia se interpreta como sedición; un llamado a la libertad se toma como un llamado a la violencia.

Butler, Judith

CAPÍTULO V

LIBERTAD ACADÉMICA Y GOBERNANZA COMPARTIDA.

José Luis Ibave González y Samuel García Soto

La libertad académica es en esencia, una especial forma de libertad de expresión, la cual no tolera leyes que arrojen un manto de ortodoxia sobre el salón de clases, entendido este último, como un "mercado de libres ideas" donde los futuros líderes de la nación serían capacitados a través de exposición a un sólido intercambio de opiniones, en lugar de una prescripción autorizada de información.

Aunque la libertad académica es un principio importante en la educación superior, los académicos están de acuerdo en que no se han definido claramente los contornos del concepto, particularmente en lo concerniente a los derechos de libertad académica de los miembros de la academia dentro de las instituciones.

Chang, (2001) realiza un análisis de la disertación de la Suprema Corte en los Estados Unidos, donde los magistrados pintaron las batallas por la libertad académica como luchas entre los gobiernos estatales y las universidades como instituciones. Aunque exaltaron la importancia de la libertad de pensamiento y discusión dentro de las comunidades académicas en la educación superior, estas decisiones proporcionaron muchos dictados elegantes pero pocos con estándares específicos por los cuales regir cualquier derecho a la libertad académica.

Las decisiones que utilizan la libertad académica como herramienta de argumentación nunca se centran en su significado; de hecho, la mayoría de los casos que apelan al concepto, se deciden en última instancia sobre doctrinas separadas, como los derechos de expresión política, el debido proceso y el privilegio contra la autoincriminación.

La gobernanza compartida es el conjunto de prácticas bajo las cuales los profesores universitarios y algunos miembros del personal participan en decisiones importantes sobre el funcionamiento de sus instituciones. Las prácticas de gobernanza compartida difieren de un campus a otro, pero generalmente el trabajo de gobernanza compartida lo llevan a cabo los comités docentes elegidos que trabajan con la administración. En los campus de AFT, el contrato sindical a menudo garantiza derechos de gobernanza compartidos, y el sindicato puede desempeñar un papel en la implementación de la gobernanza compartida. La gobernanza compartida es democracia en acción, destinada a garantizar que las decisiones académicas se tomen por razones estrictamente académicas, no políticas, comerciales o burocráticas.

La Autonomía Universitaria

Poner en su contexto de discusión a la autonomía universitaria es adentrarse en el terreno de las relaciones entre las instituciones universitarias y el poder, así como en la forma en la que éstas y sus integrantes han pugnado por asumir la autoridad sobre sí mismas.

La autonomía universitaria. se define como la *independencia política y administrativa* que prepondera en una universidad pública con respecto a factores externos a esta. Este principio sostiene que las universidades deben ser autónomas y autogobernadas, de manera que se les permita elegir sus propias autoridades sin injerencia alguna del poder político nacional, decidiendo así sus propios estatutos y programas de estudio que vayan a ser impartidos por el cuerpo docente del centro o facultad de estudios.

Sin embargo, y más que nunca, la Autonomía Universitaria, en la actualidad, es una burla inquietante por sus impactos y procesos internos totalmente antidemocráticos basados en leyes orgánicas, dentro de las instituciones públicas, sujetas a la interpretación y al subjetivismo que son comparsas de los poderes fácticos dentro y fuera de las universidades.

En esta pseudoautonomía, los órganos de gobierno interno no son electos bajo sufragio universal secreto de todos los profesores y alumnos, y tampoco son consultados cuando emanan convocatorias de elección *ad hoc* a los poderes en turno. La simulación y la ordenanza abierta totalmente antidemocrática de los gobiernos hacia la imposición de directores de facultades, representantes estudiantiles, puestos administrativos del gabinete en turno y cabezas rectoras, ha sido la constante. Es por ello, que más que nunca se requiere la defensa de la autonomía y la libertad académica.

En este último contexto, está más que presente las reflexiones englobadas dentro de la obra de Sergio García Ramírez, *La autonomía universitaria en la Constitución y en la ley* (2005):

> *Históricamente la defensa de la autonomía universitaria, se suele cifrarla en una lucha frente a los gobernantes en turno, lucha prolongada, recurrente, en ocasiones violenta. Pero no se trata solamente de preservar la autonomía universitaria, las libertades que solicita y las capacidades que implica frente al acoso del poder político, en el caso de que exista y persista. Hay que preservarla frente a otras fuerzas, concurrentes o no con aquellas; en fin, proteger- la contra viento y marea, que ahora crecen.*
>
> *La educación pública superior ha sido el medio —el único, en ocasiones— para la manumisión del pueblo y su ascenso al poder, entre tormentas, avances y retrocesos. Ha sido la forma de brindar cauce y firmeza a los jóvenes mexicanos que carecen de fuerza propia para proveer a su liberación a través de la cultura. La movilidad social propiciada por la universidad pública mexicana constituye el poderoso agente de una genuina democracia, que no se agota en el discurso. De todo ello resulta la necesidad imperiosa de librar una nueva batalla por la autonomía y la suficiencia de las universidades públicas, sin perder de vista, a la hora de hacerlo, que el cumplimiento de sus fines debe asociarse a la excelencia de la educación que brinden.*

El torrente retórico no mejora un palmo la preparación de los jóvenes del pueblo, y con frecuencia la deteriora. A la postre, los distrae, y finalmente, los defrauda. Una autonomía formal sin compromiso ético ni calidad académica convertiría a la Universidad en el fantasma de sí misma, un cuerpo exánime, incompetente para impulsar el desarrollo de la nación —que es prenda de soberanía: la única prenda eficaz— y dar a quienes carecen de opciones en la lucha por la vida los medios adecuados para el éxito de su empeño personal, que sería un punto ganado en el progreso del empeño nacional.

La lucha por la autonomía, pues, revestirá nuevas formas en el futuro inmediato. No hay duda de que aquélla no es una conquista segura y permanente: terreno garantizado, sujeto a tranquila contemplación. Tampoco lo son la libertad, la justicia o la democracia. Hay que mantener vigente la lucha, y para ella, la voluntad de librarla. Los medios variarán, como se modifiquen las circunstancias. Pero no variará la necesidad de mantener autónoma y comprometida a la Universidad, y de dotar a los jóvenes del pueblo con el instrumento eficaz de ascenso y liberación que significa una Universidad pública con calidad académica y cumplimiento social.

La situación de la Libertad en la Universidad Actual

Claramente, y debido a las tremendas injerencias de amenazas externas, la universidad debe convertirse, de forma formal, en una comunidad política. Atentar contra la libertad académica ha sido una apuesta de los grupos políticos conservadores, llegando a los extremos como es el caso particular de los Estados Unidos de América donde la polarización ha llegado a interferir directamente en todos los preceptos de la libertad académica, principalmente en lo concerniente a la libertad de catedra. Situaciones como eliminar literatura o discusiones en clase de los fenómenos de "equidad", "sexualidad", "adoctrinamiento", "teoría crítica racial", etc., ha sido la constante de interferencia principalmente inducida por grupos. Como ejemplo, lo que sucede actualmente en el estado de Texas con Patriot Mobile, una empresa inalámbrica que promueve causas conservadoras, la cual se ha convertido en una fuerza política en las elecciones para los órganos de gobierno. A principios del 2022, su brazo político gastó más de $400,000 de los $800,000 dólares recaudados para impulsar a los candidatos en un puñado de contiendas en el condado del norte de Texas, donde tiene su sede la empresa. Todos sus candidatos favoritos ganaron, poniendo a los conservadores en control de cuatro distritos escolares.

En este contexto, se encuentra la Universidad Pública en México, donde la injerencia externa ha provocado al interior de las instituciones ineficiencias, ineficacias, incapacidades, amiguismo, compadrazgo, nepotismo, prepotencia, influyentismo, etc., aunado a corruptelas dentro de las estructuras administrativas burocráticas que plagan y engrandecen las nóminas institucionales trayendo como consecuencias complicidades o redes de lealtades políticas que sustituyen a perfiles idóneos por maestros improvisados y serviles; con un concomitante deficiencia en la rendición de cuentas. Todo lo anterior, en deterioro en la formación de recursos humanos de calidad y pertinencia, con resultados que vulneran el desarrollo institucional y su estabilidad.

Alguien debe aprender la lección y extirparle el cáncer a las Universidades en lugar de inducir metástasis al tratar de ocultar las fallas, cambiándolos, a los administradores en turno, de puestos de responsabilidad y gobierno.

Es por ello, que la toma de decisiones políticas deben ser abiertas, sujetas a debate y a alguna forma de confirmación por parte de los grupos relevantes que conforman la universidad. En este contexto, se puede considerar la existencia de al menos tres áreas principales que requieren exploración:

1). La estructura de la representación. Es obvio que el problema variará de una escuela a otra. En algunos colegios unitarios, puede haber algún tipo de representación proporcional entre el cuerpo docente en su conjunto, la administración y los estudiantes; en otras instituciones federadas, habría una representación por unidad federada, etc. Hasta donde se ha explorado, no existen estudios sobre la gama de estructuras de representación y las razones de cada una, sin embargo, para el caso de las Universidades Públicas en México, la estructura es conformada dentro de una deformación de la libertad académica que es un insulto a la razón democrática,

2). Instrumentar el voto secreto universal de todos los universitarios para la designación de los diferentes representantes a ocupar puestos dentro de los órganos de poder. Las propuestas deben para ocupar cargos ser individuales y nunca por el proceso mañoso de planillas. ¿Quién ha de tener voto en las deliberaciones universitarias. ¿El personal titular y no titular tiene la misma voz en todos los temas? Una vez más, aquí hay un área importante que necesita investigación y aclaración de principios.

3). La división de poderes. ¿Qué decisiones, si las hay, están reservadas? ¿Qué tipos de acciones administrativas están sujetas a revisión y por quién? Enunciar estas preguntas es indicar nuevamente cuán poco se ha discutido sobre estos temas cruciales de la vida universitaria.

Libertad académica de profesores sin base dentro de las Universidades

Los nuevos miembros de la facultad generalmente se someten a un período de prueba de varios años durante el cual sus colegas evalúan su enseñanza e investigación. Aquellos que cumplan todos estos requisitos con éxito pueden recibir la tenencia. La tenencia simplemente significa que un colegio o universidad no puede despedir a un profesor titular a menos que presente evidencia convincente de que el profesor es incompetente o se comporta de manera no profesional, o que la institución está en graves dificultades financieras.

Profesores de contrato no es una garantía de trabajo de por vida: es una garantía del debido proceso que permite a los profesores titulares hacer su trabajo sin estar sujetos a remoción debido a los cambios en los vientos políticos, el favoritismo institucional o por cruzar al estudiante, el síndico "incorrecto", colega o supervisor.

A los profesores que no son de base se debe promover la responsabilidad y la calidad en la educación superior. Aceptar la responsabilidad para asegurar que el plan de estudios, la enseñanza, la investigación y otros programas académicos de la institución sean enmarcados y desarrollados por profesionales capacitados y motivados que posean un compromiso profundo y duradero con la institución. Se les debe de otorgar independencia para hablar sobre asuntos contenciosos y desafiar a la administración en temas de nuevos planes de estudios y calidad sin poner sus trabajos en riesgo o a la voluntad de una autoridad en turno que les imponga su criterio so pena de despido o de no renovar contrato.

Libertad Individual, "sin la cual la vida para un hombre que se respeta a sí mismo no vale la pena vivirla"; declaró que es la libertad la que "nos ha traído todos los avances del conocimiento y la invención".

Albert Einstein

Todo verdadero educador es un libertador

Federico Nietzsche

Universitarios: hoy es un día de luto para la Universidad; la autonomía está amenazada gravemente. Quiero expresar por la Institución, a través de sus autoridades, maestros y estudiantes, manifiesta profunda pena por lo acontecido. ***La autonomía no es una idea abstracta; es un ejercicio responsable de que debe ser respetable y respetado por todos.*** *En el camino a este lugar he escuchado un clamor por la reanudación de las clases. No desatenderemos este clamor y reanudaremos, a la mayor brevedad posible, las labores. Una consideración más: debemos saber dirigir nuestra protesta con inteligencia y energía. ¡Que las protestas tengan lugar en nuestra Casa de Estudios! No cedamos a provocaciones, vengan de afuera o de adentro; entre nosotros hay muchos enmascarados que no respetan, no aman y no aprecian a la autonomía universitaria. La Universidad es lo primero.* ***Permanezcamos unidos para defender, dentro y fuera de nuestra Casa, las libertades de pensamiento, de reunión, de expresión y la más cara: ¡nuestra autonomía!*** *¡Viva la UNAM! ¡Viva la autonomía universitaria!*

Javier Barrios Sierra

CAPITULO VI
AMENAZAS A LA LIBERTAD ACADÉMICA.

José Luis Ibave González

La libertad académica siempre se ve amenazada por intereses fuera de la academia. Recientemente, por ejemplo, ha habido un movimiento concertado a nivel nacional para introducir legislación estatal, las llamadas declaraciones de derechos académicos y las leyes de diversidad intelectual, que inyectarían consideraciones políticas en la toma de decisiones académicas con respecto a la contratación y el desarrollo del plan de estudios. Otros grupos han intentado intimidar a los profesores con quienes no están de acuerdo interviniendo en las decisiones de contratación o tenencia. Estas acciones tienen el potencial de enfriar un entorno académico que prospera en un intercambio libre de ideas robusto.

La Federación Americana de Maestros (American Federation of Teachers, AFT) ha puesto un énfasis especial en combatir estas amenazas externas como miembro líder de la coalición Free Exchange on Campus. La AFT y sus socios en la coalición han podido detener proyectos de ley que habrían restringido la libertad académica en los estados de 30, y han educado al público en general sobre la importancia del discurso intelectual sin restricciones en nuestros colegios y universidades.

La amenaza a la libertad académica engendrada por el creciente número de miembros de la facultad que trabajan como maestros hora clase sin base es particularmente preocupante. Más del 70 por ciento de la fuerza laboral académica trabaja sin la protección como académico con base. Los docentes contingentes (aquellos que trabajan con contratos mensuales) no tienen seguridad laboral significativa y, como resultado, encuentran su voz limitada en términos de lo que pueden decir en el aula, en su investigación y sobre sus instituciones.

La AFT está trabajando vigorosamente para proteger la libertad académica en varios frentes:

- Al alentar a los locales a garantizar la libertad académica para el profesorado a través de un fuerte lenguaje contractual;
- Al abogar enérgicamente por los derechos de la facultad contingente, particularmente en la seguridad laboral, la libertad académica y un papel en la gobernanza compartida;
- Al trabajar para aumentar las filas de la facultad de profesores de base;
- Supervisando y respondiendo a los ataques contra profesores e instituciones de educación superior; y
- Al trabajar con otros grupos de educación superior, grupos de estudiantes y grupos de libertades civiles para proteger el libre intercambio de ideas.

El sistema de educación superior de los Estados Unidos se basa en una rica tradición de libertad académica, evaluación por pares, tenencia y gobierno académico compartido, así como en la promoción de una variedad de ideas y una diversidad de voces. Es ampliamente visto como el sistema de educación superior más exitoso del mundo. La AFT está trabajando para proteger esta base de aquellos que reducirían la libertad académica por el bien de la política, así como de su erosión constante a manos de una estructura de personal académico cambiante.

En respuesta a la amenaza constante a la libertad académica, esta es considerada como un derecho humano independiente e interdependiente, que cumple con una función habilitante para el ejercicio de una serie de derechos que incluyen la protección del derecho a la libertad de expresión, el derecho a la educación, el derecho de reunión, la libertad de conciencia, la libertad de asociación, la igualdad ante la ley, la libertad de conciencia y de religión, el derecho a los beneficios de la cultura y el progreso científico, así como los derechos laborales y sindicales, todos estos reconocidos en la Declaración Americana sobre los Derechos y Deberes del Hombre, la Convención Americana sobre Derechos

Humanos, la Declaración Universal de Derechos Humanos, el Pacto Internacional de Derechos Civiles y Políticos, el Pacto Internacional de Derechos Económicos, Sociales y Culturales, así como en el protocolo adicional a la Convención Americana sobre Derechos Humanos en materia de Derechos Económicos, Sociales y Culturales -"Protocolo de San Salvador"-, la Convención Interamericana para Prevenir, Sancionar y Erradicar la Violencia contra la Mujer -"Convención De Belem Do Pará"-, la Convención Interamericana contra el Racismo, la Discriminación Racial y formas conexas de Intolerancia , la Convención Interamericana sobre la Protección de los Derechos Humanos de las Personas Mayores, el Convenio 169 de la Oficina Internacional del Trabajo sobre Pueblos Indígenas y Tribales, entre otros instrumentos internacionales y constituciones nacionales;

Enfatizando la función habilitante de la libertad académica para consolidar la democracia, el pluralismo de ideas, el progreso científico, el desarrollo humano y de la sociedad, y para la garantía plena del derecho a la educación, por lo que los obstáculos frente a esta aplazan el avance del conocimiento, socavan el debate público y reducen los espacios democráticos;

Consciente de que el conocimiento es un bien público, social y pilar fundamental de la democracia, el Estado de Derecho, el desarrollo sostenible, el pluralismo de ideas, el progreso científico y el mejoramiento de la persona humana y de la sociedad, siendo un requisito indispensable para una sociedad libre, abierta, pluralista, justa y sin discriminación;

Resaltando que estudiantes, profesorado, personal académico, investigadoras e investigadores y demás personas e instituciones de la comunidad académica juegan un rol esencial como catalizadores, generadores de conocimiento y agentes para el descubrimiento, la autorreflexión, el progreso, la promoción de los principios democráticos, la apropiación de los derechos humanos, el respeto en la diversidad, el combate del autoritarismo en las Américas, la formación de personas, la respuesta y búsqueda de soluciones ante desafíos que enfrenta la humanidad y están sujetas a especial vulnerabilidad en contextos autoritarios, pues pueden afrontar restricciones, riesgos y violaciones de sus derechos humanos a raíz de su investigación, pensamiento y expresiones críticas, especialmente cuando se involucran en la discusión de asuntos de interés público, por lo que gozan de una especial protección;

Recordando que el derecho a la educación tiene las finalidades de aportar al pleno desarrollo de la personalidad humana y del sentido de su dignidad, de fortalecer el respeto por los derechos humanos, el pluralismo ideológico y las libertades fundamentales, al igual que una función para mitigar el impacto psicosocial en situaciones de emergencia, conflicto o crisis; que la mercantilización de las actividades académicas puede actuar en detrimento de dichas cualidades y que los Estados están en el deber de avanzar de forma progresiva la enseñanza gratuita;

Valorando el rol de las diversas declaraciones formuladas por la comunidad académica a nivel global para la conceptualización y la consolidación de estándares de protección y garantía de la libertad académica, siendo de especial relevancia para el hemisferio la Declaración de Principios sobre Libertad Académica y de Cátedra de la Asociación Americana de Profesores Universitarios y de la Asociación de Facultades Americanas, así como la Declaración de Lima sobre Libertad Académica y Autonomía de las Instituciones de Educación Superior, y;

Reconociendo la necesidad de proteger efectivamente la libertad académica en las Américas, la Comisión Interamericana de Derechos Humanos, en respaldo de la Relatoría Especial sobre Derechos Económicos, Sociales, Culturales y Ambientales (REDESCA) y de la Relatoría Especial para la Libertad de Expresión (RELE), en virtud de las funciones conferidas por el artículo 106 de la Carta de las Organización de los Estados Americanos, en aplicación del artículo

41.b de la Convención Americana sobre Derechos humanos y el artículo 18.b de su Estatuto; se adopta la siguiente Declaración de Principios;

PRINCIPIO I

ÁMBITO DE PROTECCIÓN DE LA LIBERTAD ACADÉMICA

La libertad académica implica el derecho de toda persona a buscar, generar y transmitir conocimientos, a formar parte de las comunidades académicas y a realizar labores autónomas e independientes para llevar a cabo actividades de acceso a la educación, docencia, aprendiza je, enseñanza, investigación, descubrimiento, transformación, debate, búsqueda, difusión de información e ideas de forma libre y sin temor a represalias. Adicionalmente, la libertad académica tiene una dimensión colectiva, consistente en el derecho de la sociedad y sus integran tes a recibir informaciones, conocimientos y opiniones producidas en el marco de la actividad académica y de obtener acceso a los beneficios y productos de la investigación, innovación y progreso científico;

La libertad académica se protege de igual manera dentro y fuera de los centros educativos, así como en cualquier lugar donde se ejerza la docencia y la investigación científica. La comunidad académica es un espacio para la reflexión y la deliberación informada sobre aspectos que con ciernen a la sociedad, principalmente sus conflictos y externalidades que surgen de la creciente interdependencia entre pueblos y grupos sociales. Por esto, la libertad académica se protege tanto en entornos de educación formal como no formal, y también comprende el derecho a ex presarse, a reunirse y manifestarse pacíficamente en relación con los temas que se investigan o debaten dentro de dicha comunidad en cualquier espacio, incluyendo los distintos medios analógicos y digitales de comunicación, al igual que para exigir mejores condiciones en los servicios de educación, y a participar en organismos académicos profesionales o representativos.

La libertad académica abarca la difusión y debate de conocimientos basados en la propia experiencia o campo de investigación, o en asuntos relacionados con la vida académica en general. Este derecho también abarca la libertad de trabajadoras, trabajadores y estudiantes de instituciones académicas de expresarse y asociarse con respecto a dichas instituciones y sobre el sistema educativo, entre otros.

La protección de la libertad académica también comprende la posibilidad de que la educación al interior de o hacia los pueblos indígenas responda a sus necesidades particulares, abarcando su identidad cultural su historia ancestral, sus conocimientos tradicionales y técnicas, sistemas de valores y aspiraciones sociales, económicas y culturales, al igual que la garantía de recibir oportunidades de educación en su propia lengua indígena o en la lengua que más comúnmente se hable en el grupo al que pertenezcan.

La libertad académica protege la diversidad de métodos, temáticas y fuentes de investigación acordes con las prácticas y reglas internas de cada disciplina.

PRINCIPIO II
AUTONOMÍA DE LAS INSTITUCIONES ACADÉMICAS

La autonomía es un requisito imprescindible para la libertad académica y funciona como garantía para que las instituciones de educación superior cumplan su misión y objetivos de producción y difusión del conocimiento. Como pilar democrático y expresión del autogobierno de las instituciones académicas, la autonomía garantiza el ejercicio de la enseñanza, la investigación y los servicios de extensión, al igual que la toma de decisiones financieras, organizacionales, didácticas, científicas y de personal. En virtud de este principio, las regulaciones estatales sobre educación deben estar encaminadas a la garantía del proceso de aprendizaje, enseñanza, investigación y difusión de forma accesible, plural, participativa y democrática y garantizar el autogobierno de las instituciones académicas que incluye, entre otros, el libre funcionamiento de los planteles docentes o cuerpos estudiantiles.

La distribución de recursos no puede convertirse en una herramienta de ataque contra instituciones y grupos académicos, ni de amenaza al pensamiento crítico. El presupuesto público debe observar la proporcionalidad necesaria para que todas las instituciones de educación superior pue dan desarrollar sus actividades con igual autonomía. La transparencia y la rendición de cuentas son requisitos indispensables para los Estados en sus gestiones presupuestarias. En tanto la li bertad académica –en su dimensión de libertad para investigar– resulta fundamental para innovar e impulsar descubrimientos, es contrario a la autonomía universitaria que la financiación pública o privada, así como las posiciones de jerarquía sobre los equipos de investigación, preconciban los hallazgos o formulen conclusiones a priori de las investigaciones académicas.

Contribuye positivamente a la autonomía universitaria que el nombramiento de personas para liderar instituciones públicas de educación superior reconozca méritos académicos, esté libre de influencias partidistas indebidas y tome en consideración procesos transparentes y que permitan la participación de la comunidad académica concernida. La autonomía también acarrea deberes y responsabilidades de las instituciones de educación superior en el cumplimiento de las finalidades del derecho a la educación y en el respeto de los derechos fundamentales de las personas que integran su comunidad académica. La responsabilidad social, la planificación que contemple principios de calidad, pertinencia y participación también son deberes asociados a la autonomía universitaria.

En virtud de esos deberes y responsabilidades, las instituciones de educación superior están en la obligación de brindar transparencia en su gestión, financiación y toma de decisiones, establecer políticas y procedimientos que garanticen la estabilidad laboral y psicosocial, así como velar para que la toma de decisiones se base en requisitos equitativos y razonables garantizando el debido proceso en decisiones que afecten los derechos de quienes forman parte de su comunidad académica. Asimismo, se debe garantizar y no interferir en las libertades de expresión, asociación, reunión, conciencia, religión o ejercicio de los derechos laborales y sindicales, al igual que el uso y goce de los aspectos materiales e inmateriales de los derechos de autoría y otros derechos sobre bienes materiales o inmateriales apropiables susceptibles de tener un valor, como demás derechos humanos reconocidos internacionalmente.

En aplicación del derecho a la libertad académica sin ningún tipo de discriminación, las políticas de evaluación en las instituciones académicas deben apuntar a reducir las limitaciones y eliminar obstáculos que enfrentan colectivos y personas sujetas a especial protección por haber sido históricamente excluidas o estar en mayor riesgo de ser discriminadas, adoptando medidas afirmativas para favorecer su plena participación;

PRINCIPIO III
NO DISCRIMINACIÓN

La libertad académica debe ser promovida, protegida y garantizada en igualdad de oportunidades sin discriminación por ningún motivo, inclusive basada en motivos de opiniones políticas, origen étnico-racial, nacionalidad, edad, género, orientación sexual, identidad y expresión de género, idioma, religión, identidad cultural, opiniones políticas, o de cualquier otra naturaleza, origen social, posición socioeconómica, nivel de educación, situación de movilidad humana, discapacidad, características genéticas, condición de salud mental o física, incluyendo infectocontagiosa, psíquica incapacitante o cualquier otra naturaleza. Dichas categorías son consideradas como sospechosas en el marco del derecho internacional e interamericano de los derechos humanos y, por consiguiente, cualquier distinción o trato diferenciado basado en ellas deberá someterse a un test estricto de proporcionalidad. Esto implica que la adopción de cualquiera de estas medidas debe perseguir fines que no sólo sean legítimos en el marco de la Convención Americana sobre Derechos Humanos, sino además imperiosos. Requiere, además, que el medio escogido sea adecuado, efectivamente condu cente y necesario en el sentido de que no pueda ser remplazado por un medio alternativo menos lesivo. Adicionalmente, los beneficios de adoptar la medida tienen que ser claramente superiores a las restricciones que ella impone a los principios convencionales afectados con la misma. En tales medidas, ninguna norma, acto o práctica discriminatoria basada en dichos criterios sospechosos de discriminación, sea por parte de autoridades estatales o por particulares, puede disminuir o restringir, de modo alguno, los derechos de una persona en el ejercicio de su libertad académica.

Los Estados tienen un deber de armonizar su obligación de no discriminar con el respeto de la libertad religiosa en el marco de las instituciones de educación de vocación religiosa. La aplicación de este principio de no discriminación no puede proyectarse de tal forma que impida la existencia de esas asociaciones religiosas. Sin embargo, el respeto a la libertad religiosa no autoriza la fundamentación en dogmas religiosos para incurrir en violaciones al principio de no discriminación o contrariar obligaciones de derechos humanos.

Los Estados están en la obligación de eliminar condiciones de discriminación estructural en el ámbito académico por lo que deben establecer, entre otras, medidas que permitan y fomenten el acceso equitativo al mismo, especialmente a través de la adopción de medidas en favor de colectivos o personas históricamente excluidas o con mayor riesgo de ser discriminadas. Además, los Estados están en la obligación de establecer medidas afirmativas que garanticen un desarrollo profesional equitativo y sin discriminación, especialmente a través de la reducción de brechas de remuneración, oportunidades, becas, como medidas de estabilidad laboral y acceso para dichas personas o grupos. En particular, deben adoptarse medidas encaminadas a la erradicación de obstáculos enfrentados por las mujeres en la academia en razón de prejuicios, costumbres o prácticas basadas en estereotipos de género, raza u otros motivos de discriminación. En esta línea, asimismo, las instituciones de educación superior deben adaptar su infraestructura para garantizar la accesibilidad de personas con discapacidad.

PRINCIPIO IV

PROTECCIÓN FRENTE A INTERFERENCIAS DEL ESTADO

Cualquier interferencia estatal en los currículos y programas académicos debe cumplir requisitos de legalidad y finalidad legítima en el marco de la Convención Americana sobre Derechos Humanos, así como de idoneidad, necesidad y proporcionalidad bajo los preceptos de una sociedad democrática. Las finalidades legítimas para las interferencias pueden incluir, entre otras, la erradicación de la discriminación contra determinados grupos o personas, o la prevención, sanción y erradicación de la violencia contra las mujeres. No obstante, en razón de lo dispuesto por la jurisprudencia interamericana, la legitimidad de un fin no necesariamente implica la legalidad, idoneidad, necesidad o proporcionalidad. Las interferencias desproporcionadas de los Estados en los currículos y programas académicos a través de, entre otras, la imposición de lineamientos contrarios a las finalidades de la educación como derecho, impactan severamente la libertad académica.

Asimismo, impacta negativamente en la libertad académica:

i)   la imposición de presiones indirectas sobre los contenidos curriculares a través de los requisitos de acreditación profesional o de exámenes de Estado;

ii)   el discurso negativo y estigmatizante por parte del alto funcionariado en contra de las instituciones de educación superior, de la comunidad académica o de personas que la integran;

iii)   la adopción u omisión en la revocatoria de normas que establecen discriminaciones sobre personas o grupos en contravía de lo expuesto en el principio III;

iv)   la omisión en la implementación progresiva de la educación gratuita;

v)   el establecimiento de barreras discriminatorias de acceso, permanencia y egreso;

vi)   la aplicación de medidas presupuestarias o con impacto en el presupuesto de las instituciones académicas con el fin de castigarlas, premiarlas o privilegiarlas; y

vii) el cierre o la no renovación de acreditaciones de instituciones, bibliotecas, laboratorios u otros espacios en los que se desarrolla la actividad académica como represalia por disentir de la visión ideológica, económica o axiológica del gobierno.

PRINCIPIO V

PROTECCIÓN FRENTE A LOS ACTOS DE VIOLENCIA

El asesinato, secuestro, intimidación, acoso, hostigamiento, amenazas, la violencia basada en género y demás agresiones contra las personas en razón de su participación en la comunidad académica o del ejercicio de actividades, al igual que los ataques contra instituciones, bibliotecas o laboratorios violan los derechos fundamentales de las personas, coartan la libertad académica y siembran la autocensura en la sociedad. Es deber de los Estados prevenir e investigar estos hechos, sancionar a sus autores; proteger a las víctimas y asegurar una reparación adecuada independientemente de si los hechos lesivos ocurrieron por vías analógicas o digitales. En la aplicación de dicho deber de prevención e investigación de los hechos, los Estados deben aplicar un enfoque que reconozca y responda a los impactos y modalidades diferenciadas e in
terseccionales de violencia física y psicológica de acuerdo con los estándares interamericanos.

El Estado y las instituciones de educación superior deben reconocer las circunstancias en las que las controversias y discusiones académicas se degraden en fenómenos de intimidación y acciones que promueven la cancelación a priori de perspectivas diversas, incluyendo aquellas que ofenden, resulten chocantes o perturban a las mayorías.

PRINCIPIO VI

INVIOLABILIDAD DEL ESPACIO ACADÉMICO

La intervención de las fuerzas de seguridad del Estado en las instituciones académicas violenta su autonomía y genera un efecto amedrentador sobre la comunidad académica. Si bien dichas intervenciones pueden darse en casos excepcionales y en virtud de los deberes Estatales de preservar la seguridad, estabilidad y gobernabilidad democrática de los Estados, estas deben darse dentro de los límites y conforme a los procedimientos que permitan preservar tanto la seguridad pública como los derechos humanos, por lo que los Estados no pueden invocar la existencia de situaciones excepcionales como medio para suprimir o denegar, desnaturalizar o privar de contenido real la libertad académica, la autonomía universitaria o, en general, los derechos garantizados por la Convención Americana sobre Derechos Humanos, o como justificación para practicar o tolerar actos contrarios a normas imperativas de derecho internacional. La aplicación de la legislación de seguridad nacional, las normas sobre antiterrorismo y en general cualquier acción de las fuerzas de seguridad sobre los campus deben cumplir con los estándares de proporcionalidad, razonabilidad, legalidad y necesidad.

PRINCIPIO VII

RESTRICCIONES Y LIMITACIONES A LA LIBERTAD ACADÉMICA

Los Estados están en la obligación de generar un ambiente favorable para la participación en las instituciones de educación superior, al igual que para la investigación, el debate, la difusión del conocimiento académico. Esta disposición no debe limitar los espacios de cooperación entre el sector público y la academia en el desarrollo de investigaciones y otros proyectos con fines públicos.

La libertad académica excluye de forma expresa cualquier propaganda a favor de la guerra o la apología del odio contra cualquier persona o grupo de personas por cualquier motivo, inclusive nacional, étnico, racial, religioso, sexo, género, identidad de género, orientación sexual o cualquier otra que constituya incitación a la violencia o cualquier otra acción ilegal. Para calificar un discurso como de propaganda a favor de la guerra o apología al odio se requerirá de estricto cumplimiento de la prueba de umbral contenida en el Plan de Acción de Rabat de las Naciones Unidas.

Cualquier interferencia a la libertad académica debe cumplir requisitos de legalidad, finalidad legítima, idoneidad, necesidad y proporcionalidad de conformidad con la de la Convención Americana sobre Derechos Humanos en una sociedad democrática, que constituyen una salvaguarda frente a posibles arbitrariedades por parte de las autoridades tanto dentro como fuera de las instituciones académicas, de acuerdo a lo establecido por los estándares interamericanos. Las restricciones a la libertad académica no deben perpetuar los prejuicios ni fomentar la intolerancia.

La acreditación profesional, los exámenes estatales y otras formas de concesión de licencias cumplen una función crucial para garantizar la calidad de las instituciones de educación superior. Sin embargo, estos procedimientos no podrán ser usados para impedir o tomar represalias contra contenidos académicos legítimos. Los requisitos legales o reglamentarios excesivos para el funcionamiento, la supervisión, la sanción o la evaluación de la calidad de las instituciones académicas destinados a tomar represalias o a limitar de otro modo la conducta académica de manera incompatible con el principio III constituyen una violación de la libertad académica.

Las restricciones ilegítimas a la libertad académica pueden generarse por actos u omisiones provenientes de agentes estatales, grupos de poder o de particulares, pudiendo provenir inclusive de parte de actores de las propias instituciones académicas;

PRINCIPIO VIII

PROHIBICIÓN DE LA CENSURA Y EXCEPCIONALIDAD DEL EJERCICIO PUNITIVO ESTATAL

La imposición de restricciones estatales para la investigación, discusión o publicación de determinados temas, al igual que la imposición de restricciones de acceso a publicaciones, a bibliotecas o bases de datos físicas o en línea, constituyen censura previa, expresamente prohibida en el artículo 13.2 de la Convención Americana Sobre Derechos Humanos y contraria al derecho a la educación en los términos del artículo 13 del Protocolo de San Salvador.

Es contrario a la libertad académica y a los derechos interdependientes con ella cualquier medida estatal encaminada a imponer limitaciones discrecionales o fomentar tabúes con respecto a cualquier campo del conocimiento, personas, ideas, o cualquier aspecto reconocido dentro del ámbito de protección descrito en el principio III.

La aplicación de procesos administrativos o disciplinarios sobre instituciones o personas en el ejercicio de la libertad académica, al igual que la imposición de sanciones ulteriores de carácter laboral o civil, deben darse bajo la aplicación de reglas mínimas de transparencia, debido pro ceso, garantías judiciales y no discriminación, y deben fundamentarse en criterios que cumplan requisitos de legalidad, finalidad legítima en el marco de la Convención Americana sobre Derechos Humanos, idoneidad, necesidad y proporcionalidad bajo los preceptos de una sociedad democrática. En este sentido, son contrarias a la libertad académica la imposición de restricciones frente a la crítica por parte de integrantes de la comunidad académica con respecto a las instituciones de educación superior o al sistema educativo, al igual que frente a las decisiones personales de aplicar posturas alejadas de las posiciones oficiales de las instituciones de educación superior de las que se forma parte, que no cumplan con dichos criterios.

El uso del derecho penal para castigar a personas en ejercicio de su libertad académica es in compatible con las protecciones que brinda el sistema interamericano a ese derecho. Cualquier interferencia estatal para sancionar la posible comisión de un ilícito por parte de una persona que se encuentra en el ejercicio legítimo de su libertad académica debe analizarse con especial cautela, ponderando al respecto la extrema gravedad de la conducta desplegada por el posible autor, el dolo con que actuó, las características del daño injustamente causado y otros elementos que pongan de manifiesto la absoluta necesidad de utilizar, en forma verdaderamente excepcional, el ejercicio del poder punitivo del Estado;

Los Estados deben presumir la buena fe de las opiniones e informaciones difundidas por integrantes de la comunidad académica generadas a partir de la participación en procesos de investigación bajo la aplicación de cualquiera de los métodos científicos aceptados por la comunidad académica.

PRINCIPIO IX
PROTECCIÓN Y PREVENCIÓN FRENTE A
ACCIONES U OMISIONES DE PARTICULARES
El deber de garantía de los Estados también incluye la imposición de medidas para prevenir, investigar y sancionar vulneraciones a la libertad académica por parte de particulares y para responder a los riesgos diferenciados en razón de los criterios sospechosos de discriminación indicados en el principio III incluyendo, entre otros, la adopción de protocolos de atención, investigación y sanción a la violencia y acoso sexual, al igual que a la violencia contra las mujeres o la violencia basada en orientación sexual o identidad de género y otras formas de opresión o discriminación, y la creación o promoción de mecanismos de revisión externa e independiente sobre decisiones sancionatorias o meritocráticas de las instituciones académicas. En todo caso, el diseño y la aplicación de estos protocolos debe tener un enfoque de no revictimización y de avanzar en contrarrestar patrones socioculturales basados en premisas de inferioridad o

superioridad de cualquiera de los géneros o papeles estereotipados para hombres y mujeres que legitiman la violencia contra las mujeres;

PRINCIPIO X
EDUCACIÓN EN DERECHOS HUMANOS

En razón de las obligaciones internacionales sobre el derecho a la educación en derechos humanos y a la eliminación de todas las formas de discriminación, los Estados deben adoptar medidas, incluyendo planes nacionales, para garantizar que todas las personas sean educadas en derechos humanos, de conformidad con la Convención Americana sobre Derechos Humanos y demás instrumentos internacionales aplicables, y que las instituciones de enseñanza pública y privada desarrollen currículos y programas para garantizar la educación en derechos humanos de manera interdisciplinaria y en todos los ciclos de enseñanza con perspectiva de igualdad de género e interseccionalidad, garantizándose también la educación sexual integral.

Debe protegerse la libertad de expresión y de cátedra en cuanto a los contenidos de tales materias, sin perseguir a quienes las enseñan, ni establecer restricciones discriminatorias sobre personas en condición de vulnerabilidad. Adicionalmente, los Estados tienen el deber de promover e implementar el diseño y aplicación de programas educativos integrales que promuevan una cultura de derechos humanos, contrarrestando todos los prejuicios y prácticas que afiancen, promuevan o instiguen la discriminación contra personas y colectivos en situación de especial vulnerabilidad o discriminación histórica. Los Estados deben asegurar que todo su funcionariado reciba formación en derechos humanos de manera programática y continua.

PRINCIPIO XI
ACCESO A LA INFORMACIÓN

Cuando las personas integrantes de la comunidad académica o cualquier otra procuran acceder a estadísticas, bases de datos y demás información que estén en poder del Estado, lo hacen en ejercicio de su derecho fundamental de acceso a la información pública en conexión con el derecho a la libertad académica y todos los derechos humanos relacionados. Los Estados están obligados a garantizar el ejercicio de este derecho a través de la respuesta pronta y adecuada a solicitudes de información, la divulgación proactiva y el acceso público, libre y oportuno a estadísticas, bases de datos y demás fuentes relevantes para el desarrollo de la actividad académica. Este principio sólo admite limitaciones excepcionales que deben estar establecidas previamente por la ley y ser necesarias y proporcionales para cumplir fines legítimos en el marco de lo dispuesto por la Convención Americana sobre Derechos Humanos;

PRINCIPIO XII

INTERNET Y OTRAS TECNOLOGÍAS

Toda persona tiene derecho de realizar sus actividades académicas por cualquier medio y forma. Dado el carácter esencial que poseen Internet y otras tecnologías para el acceso y disfrute del derecho a la educación, al conocimiento, y a la libertad de buscar, recibir, difundir e intercambiar ideas y opiniones a través de aulas, instituciones, bibliotecas o bases de datos virtuales o modalidades de educación a distancia o en línea, entre otros, los Estados deben establecer medidas para avanzar en la garantía del acceso universal a Internet, la eliminación de la brecha digital y el aprovechamiento de dichas tecnologías por parte de la comunidad académica. Complementariamente, el respeto de la libertad académica implica, entre otras cosas, que los Estados se abstengan de establecer censura o limitaciones arbitrarias sobre el funcionamiento de Internet o de los contenidos que allí circulan, y de interferir de forma indebida en el desarrollo de las actividades académicas en espacios virtuales, observado el Principio VII. La digitalización de los servicios académicos y el uso de tecnologías deben evaluarse en función de sus implicaciones en materia de derechos humanos. Las instituciones de educación superior deben adelantar análisis de riesgos a la vulneración de derechos humanos en toda tecnología que diseñen, usen o implementen.

Las plataformas que sirvan de intermediarias para acceder a contenidos que surgen de la aplicación de métodos científicos aceptados por la comunidad académica pueden contribuir a la garantía del derecho a la libertad académica a través de:

i) la transparencia en los criterios que jerarquizan los resultados de las búsquedas;

ii) la ponderación sobre el alcance de la personalización de resultados cuando se dispone de sólida evidencia científica sobre el tema consultado;

iii) el fomento a la diversidad geográfica, racial, de género y orientación sexual en las personas a cargo de la programación; y

iv) el fortalecimiento del dialogo con la comunidad académica para aprovechar el potencial de internet en la divulgación de los conocimientos.

PRINCIPIO XIII
DEBER DE GARANTE PRINCIPAL, CONCURRENCIA PLURAL Y LIBERTAD DE ASOCIACIÓN

Los Estados tienen la obligación de neutralidad ante los contenidos derivados de las actividades de la comunidad académica y son garantes principales del derecho a la libertad académica. Además de asegurar una oferta pública, amplia y diversa de educación superior, los Estados deben facilitar la concurrencia libre y voluntaria de instituciones de educación superior de gestión privada como manifestación legítima del derecho a la libertad de asociación. Garantizar el derecho al ideario de las universidades de gestión privada es un compromiso del Estado con el pluralismo.

Las instituciones de educación superior de gestión privada deben procurar y proteger el pluralismo y la diversidad de perspectivas al interior de sus respectivas comunidades académicas; dar amplia publicidad a los principios y valores que orientan sus actividades académicas y compartir con su comunidad académica de forma previa y explícita los asuntos que contradigan abiertamente su identidad.

Los Estados a través de la ley deberán fijar el alcance y los límites del derecho a la libertad de asociación para las instituciones de educación superior de gestión privada, así como los requisitos mínimos que propendan por su calidad, la garantía de los derechos humanos y la protección de la democracia, de conformidad con normas y estándares internacionales y en armonía y complementariedad con los presentes Principios de Libertad Académica.

PRINCIPIO XIV
PROTECCIÓN DE LA MOVILIDAD Y COOPERACIÓN INTERNACIONALES

La libertad académica incluye la libertad de buscar, recibir y difundir información e ideas de todo tipo, sin importar las fronteras. Siendo el intercambio académico internacional, incluidas las conferencias, investigaciones, estancias de investigación, intercambios y reuniones académicas, aspectos fundamentales de la vida académica y expresiones necesarias de la libertad académica, los Estados no impedirán arbitrariamente que las personas salgan o entren en sus fronteras con el fin de limitar o detener el intercambio o la circulación transfronteriza de ideas, la recolección de información con fines académicos y promoverán la movilidad y la cooperación académica internacionales.

La libertad académica también comprende la libertad de buscar exilio en el extranjero, solicitar y procesar solicitudes de refugio o asilo por parte de académicos y científicos basados en el acoso personal, religioso, étnico o político contra el gobierno y la persecución motivada por la negación científica por parte de agentes estatales o privados.

PRINCIPIO XV
DIÁLOGO INCLUSIVO EN EL MARCO DE LA EDUCACIÓN SUPERIOR

Los Estados tienen la obligación de fomentar espacios de diálogo entre todas las partes interesadas e involucradas en la actividad académica con el fin de promover el debate sobre el respeto y garantía de la libertad académica y la implementación de estos principios.

PRINCIPIO XVI
DEBER DE IMPLEMENTACIÓN
Los Estados y las instituciones de educación superior deben adoptar medidas afirmativas, dentro de sus capacidades, destinadas a la efectiva implementación de los principios mencionados, teniendo también terceros y particulares relacionados con la actividad investigativa y académica el deber de orientar sus acciones y procesos a estos principios.

Acciones de los Estados destinadas a la producción de datos e informaciones oficiales sobre la situación de la libertad académica, al intercambio de información actualizada sobre avances, desafíos pendientes y mejores prácticas facilitan el seguimiento del deber de implementación. Asimismo, contribuye a este deber que los Estados otorguen anuencia para visitas de organismos internacionales especializados que puedan revisar in situ las condiciones de la libertad académica, y la participación y promoción de foros multilaterales, entre otras.

El cumplimiento y el deber de implementación de estos principios deben realizarse conforme a una interpretación ceñida a las justas exigencias de una sociedad democrática. En este sentido, el carácter privado de una institución de educación superior no podrá invocarse para suprimir, desnaturalizar o privar de contenido real al derecho a la libertad académica y los principios que de él se derivan.

CAPITULO VII

REFLEXIONES FINALES

Como se ha exaltado, La libertad académica consiste en el derecho a elegir el propio problema de investigación, a realizar investigaciones libres de cualquier control externo y a enseñar la materia a la luz de sus propias opiniones. Como primera impression, esta libertad puede parecer contraria a ambos preceptos; principalmente porque al profesor y/o investigador no se le otorga la libertad para promover su propia felicidad al realizar sus descubrimientos y de aplicación de su arte para incidir y potencializar el pensamiento creativo, crítico y social en sus estudiantes o simplemente para cumplir con una obligación. Algo parece faltar en este binomio conceptual de la libertad académica en la realidad. Todo indica que se pretende olvidar que la educación superior es esencialmente un fenómeno social, resultado de su configuración por las fuerzas sociales y económicas. La educación superior, en cierta medida, es en sí misma es un agente activo, porque la expansión del sistema lo ha transformado en una fuerza social por derecho propio.

Es importante recalcar que la educación superior es un sistema académico que está formado tanto por la dinámica interna de las disciplinas académicas como por las fuerzas sociales, políticas y económicas externas. Por ende, las instituciones de educación superior deben estar constantemente promoviendo la unidad entre la *pasión creativa personal y la voluntad de someterse a la tradición y la disciplina*, ya que esto es una consecuencia necesaria de la realidad de la ciencia. Cuando un educador busca nuevos conocimientos, comparte una aventura con todos los demás profesores y/o investigadores, todos guiados por la misma realidad y, por lo tanto, están más estrechamente vinculados con el sistema universal y los cánones de la ciencia.

Estos principios pueden generalizarse fácilmente para la erudición en general. La libertad académica puede pretender ser una forma eficiente de organización para el descubrimiento en todos los campos de estudio sistemático controlado por una tradición de disciplina intelectual.

Es por tanto, que los educadores deben de concentrarse y dedicar su tiempo al servicio de una realidad trascendente, lo que implica que deben estar libres de toda autoridad que desvirtúe o afecte su quehacer. Cualquier intervención por parte de la autoridad sólo destruiría su contacto con los fines a que se comprometieron a perseguir.

Como las universidades públicas reciben financiamiento del estado, entonces significa simplemente un compromiso por parte del gobierno de proporcionar combustible y aceite para una máquina que el gobierno mismo no controla. En el caso de los lineamientos legales, la máquina está controlada por los principios de justicia establecidos por la ley e interpretados por lo jurídico.

En consecuencia, la libertad académica nunca está aislada del ámbito social. Sólo puede existir en una sociedad libre; porque los principios que la sustentan son los mismos sobre los que se fundan las libertades más esenciales de la sociedad en su conjunto.

Una nación cuyos ciudadanos son sensibles a los reclamos de la conciencia y no tienen miedo de seguirlos es una nación libre.

Como lo manifiestan Jones y Strandburg (2006) las actividades dentro de la libertad academica se alinean aproximadamente como:
- *Creación de conocimiento: libertad y control de la investigación*
- *Organización del Conocimiento - Libertad de Expresión*
- *Validación del conocimiento - Libertad de escepticismo*
- *Difusión del conocimiento - Libertad para publicar*

Estas libertades académicas establecen la delegación por defecto del control de las actividades relacionadas con la creación, validación, organización y difusión del conocimiento/información a la institución en su entorno académico.

Como corolario de esta obra, podemos establecer que se identificaron los temas clave que fueron materia de discusión:

> **énfasis en la libertad académica como un derecho a la no interferencia en las actividades académicas;**

> **la distinción entre la libertad académica como una "libertad de" interferencia en oposición a una "libertad para" participar en actividades académicas apropiadas (lo que implica el apoyo institucional asociado); y,**

> **el papel de las responsabilidades y obligaciones, además de los derechos, en la creación de la libertad académica.**

Definitivamente la *Libertad Académica* **es el factor** *sine qua non* **para que se puedan formar recursos humanos con pensamiento crítico, creativo y social que les permita reconvertir el** *pensum* **de las universidades hacia un destino diferente al actual de formar mano de obra calificada, el objeto y reto actual dentro de la Libertad es** *formar agentes de cambio emprendedores capaces de lograr el empoderamiento social.*

No puedes servir a dos maestros; debes elegir entre dedicarte al avance de un sistema de conocimiento que requiere libertad, o la búsqueda de la ciencia aplicada que implica subordinación.

Polanyi, 1947

Las acciones independientes de los individuos pueden coordinarse espontánea y eficientemente en una tarea conjunta, y su subordinación a una autoridad central destruiría su coordinación.

Enrico Fermi

LITERATURA CITADA

Altbach, P. G. (2001). Academic Freedom: International realities and challenges. Higher Education, 41(1-2), 205-219.

American Association of University Professors (AAUP). (2015). 1940 Statement of Principles on Academic Freedom and Tenure. http://www.aaup.org/AAUP/pubsres/policydocs/contents/1940statement.htm

Bell, Daniel (1970), 'Quo Warranto? – Notes on the Governance of Universities in the 1970s', in Stephen R. Grabaud and Geno A. Ballotti (eds), *The Embattled University* , New York, NY

Butler, Judith. (2009). *Critique, Dissent, Disciplinarity. Critical Inquiry, 35(4), 773–795.* doi:10.1086/599590

Czinkota, M. R. (2006). *Academic freedom for all in higher education: The role of the general agreement on trade in services. Journal of World Business, 41(2), 149–160.* doi:10.1016/j.jwb.2006.01.007

Chang, A. W. "Note: Resuscitating the Constitutional 'Theory' of Academic Freedom." Stanford Law Review, 2001, 55, 915–966.

Dewey, John (1916, reprinted 1985), *Democracy and Education*, Carbondale and Edwardsville, IL: Southern Illinois University Press, p. 103.

Garcia Ramirez, Sergio (2005). La autonomía universitaria en la Constitución y en la ley. Repositorio Universitario. Biblioteca Jurídica de la UNAM. http://ru.juridicas.unam.mx/xmlui/handle/123456789/10588?show=full

Jones, P. L., y Strandburg, K. J. (2006). Technology Transfer and An Information View of Universities: A Conceptual Framework For Academic Freedom, Intellectual Property, Technology Transfer and the University Mission. http://works.bepress.com/katherine_strandburg/10

Klein, A. (2004). *Worried on the Left and Right: Chronicle of Higher Education.* Estados Unidos: New World Encyclopedia

Leahy, Robert (2009). Authentic Educating: Solutions for a World at Risk. University Press of America.

Lyotard, J. (1993). *The postmodern condition: A report on knowledge.* Minneapolis: University of Minnesota Press.

Olson, G. (2009). The Limits of Academic Freedom. The Chronicle of Higher Education.

Post, Robert. (2018). "The Classic First Amendment Tradition Under Stress: Freedom of Speech and the University" in *The Free Speech Century*, ed. Lee C. Bollinger and Geoffrey R. Stone (Oxford: Oxford University Press).

Polanyi, M. (1947). THE FOUNDATIONS OF ACADEMIC FREEDOM. The Lancet, 249(6453), 583-586. https://doi.org/10.1016/s0140-6736(47)91856-4

Rendel, M. (1988). Human Rights and academic freedom. In M. Tight (Ed.), *Academic freedom and* responsibility (pp. 74–87). Buckingham, UK: SRHE & OU Press.

Said, Edward (1994). Identity, Authority, and Freedom: The Potentate and the Traveler. Boundary 2, Vol. 21, No. 3, pp. 1-18

http://www.jstor.org/stable/303599

Teichler, U. (2013). Universities Between the Expectations to Generate Professionally Competences and Academic Freedom Experiences from Europe. Procedia - Social and Behavioral Sciences, 77, 421-428.

https://doi.org/10.1016/j.sbspro.2013.03.097

Teixeira da Silva, J. A. (2021). How to shape academic freedom in the digital age? Are the retractions of opinionated papers a prelude to "cancel culture" in academia? Current Research in Behavioral Sciences, 2, 100035. https://doi.org/10.1016/j.crbeha.2021.100035

Tight, M. (1988). So what is academic freedom? In M. Tight (Ed.), *Academic freedom and responsibility*. Buckingham, UK: SRHE & OU Press.

Turner, J. (1988). The price of freedom. In M. Tight (Ed.), *Academic freedom and responsibility* (pp. 104–113). Buckingham, UK: SRHE & OU Press.

Vidovich, L., & Slee, R. (2001). Bringing universities to account? Exploring some global and local policy tensions. *Journal of Education Policy, 16*, 431–453.

Vrielink, J., Lemmens, P. & Parmentier, S. (2011). Academic Freedom as a Fundamental Right. Procedia - Social and Behavioral Sciences, 13, 117-141. https://doi.org/10.1016/j.sbspro.2011.03.009

Williams, J. E. (2018). The academic freedom double standard: "Freedom" for courtiers, suppression for critical scholars. *Journal of Academic Freedom*, *9*, 1–10. Retrieved from

https://www.researchgate.net/publication/328402227_Back_to_Volume_Nine_Contents_The_Academic_Freedom_Double_Standard_Freedom_for_Courtiers_Suppression_for_Critical_Scholars/link/5bca86cd458515f7d9cb94d8/download

Worgul, G.S. (Ed.). (1992). *Issues in academic freedom*. Pittsburgh: Duquesne University Press.

APÉNDICE I

1915 Declaración de Principios sobre Libertad Académica y Permanencia Académica

Nota preliminar

En las reuniones de diciembre de 1913 de la Asociación Estadounidense de Economía, la Asociación Estadounidense de Ciencias Políticas y la Sociedad Estadounidense de Sociología, se constituyó un comité conjunto de nueve miembros de la facultad para considerar e informar sobre las cuestiones de la libertad académica y la titularidad académica, en la medida en que estos afectar posiciones universitarias en estos campos de estudio. En la reunión de diciembre de 1914 de estas tres asociaciones, el comité conjunto presentó un informe preliminar sobre el tema.

En la reunión de la Asociación Estadounidense de Profesores Universitarios en enero de 1915, se decidió abordar el problema de la libertad académica en general, y se autorizó al presidente de la Asociación a nombrar un comité de quince que debería incluir, hasta ahora como los miembros eran elegibles, este comité conjunto de nueve. Por lo tanto, el comité quedó constituido de la siguiente manera:

Edwin RA Seligman, Presidente, Universidad de Columbia (Economía)

Richard T. Ely, Universidad de Wisconsin (Economía)

Frank A. Fetter, Universidad de Princeton (Economía)

James P. Lichtenberger, Universidad de Pensilvania (Sociología)

Roscoe Pound, Universidad de Harvard (Derecho)

Ulysses G. Weatherly, Universidad de Indiana (Sociología)

JQ Dealey, Universidad de Brown (Ciencias Políticas)

Henry W. Farnam, Universidad de Yale (Ciencias Políticas)

Charles E. Bennett, Universidad de Cornell (latín)

Edward C. Elliott, Universidad de Wisconsin (Educación)

Guy Stanton Ford, Universidad de Minnesota (Historia)

Charles Atwood Kofoid, Universidad de California (Zoología)

Arthur O. Lovejoy, Universidad Johns Hopkins (Filosofía)

Frederick W. Padelford, Universidad de Washington (inglés)

Howard C. Warren, Universidad de Princeton (Psicología)

En vista de la necesidad de investigar un incidente en la Universidad de Pensilvania, el profesor Lichtenberger renunció en agosto de 1915 y fue reemplazado por el profesor Franklin H. Giddings, Universidad de Columbia (Sociología). El profesor Elliott, tras haber sido elegido rector de la Universidad de Montana, renunció en octubre. El profesor Ford renunció en diciembre por no poder asistir a las reuniones del comité.

Apenas se había constituido el comité de los quince cuando se le llamó la atención sobre una serie de casos de supuesta violación de la libertad académica. Estos casos no solo fueron numerosos, sino también de carácter diverso, desde despidos de profesores individuales hasta despidos o renuncias de grupos de profesores, pasando por el despido de un rector de universidad y la denuncia de otro rector de universidad contra su consejo de administración. El número total de quejas presentadas ante el presidente del comité durante el año fue de once. Como era imposible para el comité controlar el tiempo o la cantidad de servicio voluntario necesario para tratar todos estos casos, se seleccionaron los que parecían más importantes, y para cada uno de ellos se constituyó un subcomité de investigación. En el caso de la Universidad de Utah, el comité especial comenzó a trabajar en abril y publicó su informe durante el verano. En el caso de controversias en la Universidad de Colorado, la Universidad de Montana, la Universidad de

Pensilvania y la Universidad de Wesleyan, los comités de investigación tienen sus informes completos o en una etapa avanzada de preparación. En general, el comité ha tenido varias reuniones y ha asesorado a los comités de investigación sobre cuestiones de principio y de método y procedimiento; pero no ha participado como organismo en las investigaciones de los hechos, y las comisiones de investigación son las únicas responsables de sus respectivas determinaciones de los hechos. Sin embargo, el comité general ha examinado estos informes especiales y, aceptando las conclusiones de los subcomités sobre cuestiones de hecho, ha aprobado sus conclusiones.

Tres casos para los cuales el comité no pudo asegurar los comités de investigación de esta Asociación han sido reportados, después de algunas investigaciones preliminares, a las sociedades especializadas correspondientes; un caso, surgido en Dartmouth College, a la Asociación Filosófica Estadounidense; uno en la Universidad de Tulane, a la Sociedad Americana de Fisiología; y uno en la Universidad de Oklahoma, a la American Chemical Society.

El comité de los quince ha concebido como su deber considerar el problema de la libertad académica en su conjunto y presentar un informe al respecto. Dicho informe se presenta adjunto.1Los resultados de los comités especiales que aún no se hayan impreso se presentarán a su debido tiempo.

La salvaguardia de una medida adecuada de la libertad académica en las universidades americanas requiere tanto una comprensión clara de los principios que se relacionan con la materia, como la adopción por parte de las universidades de arreglos y reglamentos que puedan prevenir eficazmente cualquier infracción de esa libertad y privar de plausibilidad todos los cargos de tal infracción. Este informe se divide, por tanto, en dos partes, constituyendo la primera una declaración general de principios relativos a la libertad de cátedra, y presentando la segunda un conjunto de propuestas prácticas, cuya adopción se estima necesaria para situar las normas y el procedimiento de la Las universidades americanas, en relación con estos asuntos, sobre una base satisfactoria.

Declaración General de Principios

El término "libertad académica" ha tenido tradicionalmente dos aplicaciones: a la libertad del profesor ya la del estudiante, Lehrfreiheit y Lernfreiheit. Huelga señalar que la libertad objeto de este informe es la del maestro. La libertad académica en este sentido comprende tres elementos: libertad de indagación e investigación; libertad de enseñanza dentro de la universidad o colegio; y libertad de expresión y acción extramuros. El primero de ellos está casi en todas partes tan salvaguardado que los peligros de su infracción son mínimos. Por lo tanto, puede ser ignorado en este informe. La segunda y tercera fases de la libertad académica están estrechamente relacionadas y, a menudo, no se distinguen. El tercero, sin embargo, tiene una importancia propia, ya que últimamente ha sido quizás más frecuentemente motivo de dificultades y controversias que la cuestión de la libertad de enseñanza intraacadémica.

Los cinco casos que recientemente han sido investigados por comités de esta Asociación han involucrado, al menos como un factor, el derecho de los docentes universitarios a expresar sus opiniones libremente fuera de la universidad o a participar en actividades políticas en su calidad de ciudadanos. Los principios generales que tienen que ver con la libertad de enseñanza en ambos sentidos le parecen al comité en gran parte, aunque no totalmente, los mismos. En este informe, por lo tanto, consideraremos el asunto principalmente con referencia a la libertad de enseñanza dentro de la universidad,

Una adecuada discusión sobre la libertad de cátedra debe considerar necesariamente tres cuestiones:

(1) el alcance y la base del poder ejercido por los órganos que tienen la máxima autoridad legal en asuntos académicos; (2) la naturaleza de la vocación académica; y (3) la función de la institución académica o universidad.

1. *Base de la Autoridad Académica.*Las instituciones educativas estadounidenses suelen estar controladas por juntas directivas como los depositarios últimos del poder. A ellos corresponde finalmente determinar la medida de la libertad académica que se ha de realizar en las diversas instituciones. Por lo tanto, se hace necesario investigar la naturaleza del fideicomiso depositado en estas juntas, y determinar ante quién deben considerarse responsables los fideicomisarios.

El caso más simple es el de una escuela o colegio privado diseñado para la propagación de doctrinas específicas prescritas por aquellos que han provisto su dotación. Está evidente que en tales casos los fideicomisarios están obligados por la escritura de donación y, cualesquiera que sean sus propios puntos de vista, están obligados a cumplir los términos del fideicomiso. Si una iglesia o denominación religiosa establece un colegio para ser gobernado por una junta de síndicos, con el entendimiento expreso de que el colegio será utilizado como un instrumento de propaganda en interés de la fe religiosa profesada por la iglesia o denominación al crearla, los síndicos tienen derecho a exigir que todo se subordine a ese fin.

Si, nuevamente, como ha sucedido en este país, un rico fabricante establece una escuela especial en una universidad para enseñar, entre otras cosas, las ventajas de una tarifa proteccionista, o si, como también es el caso, se ha creado una institución dotados con el propósito de propagar las doctrinas del socialismo, la situación es análoga. Todas estas son esencialmente instituciones propietarias, en el sentido moral. No aceptan, al menos en lo que respecta a un tema en particular, los principios de libertad de investigación, de opinión y de enseñanza; y su propósito no es promover el conocimiento mediante la investigación sin restricciones y la discusión sin trabas de investigadores imparciales, sino más bien subsidiar la promoción de las opiniones de las personas, generalmente ajenas a la vocación del erudito, que proporcionan los fondos para su mantenimiento. En cuanto a la conveniencia de la existencia de tales instituciones, el comité no desea expresar ninguna opinión. Pero es manifiestamente importante que no se les permita navegar bajo banderas falsas. Audacia genuina y minuciosidad de investigación, y libertad de expresión,

Tales instituciones son raras, sin embargo, y cada vez son más raras. Todavía tenemos, de hecho, colegios bajo los auspicios denominacionales; pero muy pocos de ellos imponen a sus fideicomisarios la responsabilidad de la difusión de doctrinas específicas. Están llegando cada vez más a ocupar, con respecto a la libertad de que disfrutan los miembros de sus cuerpos docentes, la posición de instituciones de aprendizaje libres de trabas, y se diferencian únicamente por la influencia natural de sus respectivos antecedentes históricos y tradiciones.

Dejando de lado, entonces, el pequeño número de instituciones de tipo propietario, ¿cuál es la naturaleza de la confianza depositada en las juntas directivas de las instituciones ordinarias de aprendizaje? ¿Pueden los colegios y universidades que no están estrictamente obligados por sus fundadores a un deber propagandístico ser incluidos alguna vez en la clase de instituciones que acabamos de describir como propietarias en un sentido moral?

La respuesta es clara. Si la primera clase de instituciones constituye un fideicomiso privado o de propiedad, la última constituye un fideicomiso público. Los fideicomisarios son fideicomisarios para el público. En el caso de nuestras universidades estatales esto es evidente. En el caso de la mayoría de nuestras instituciones privadas, la situación no es realmente diferente. No se les puede permitir asumir la actitud de propiedad y privilegio, si están apelando al público en general en busca de apoyo. Los fideicomisarios de tales universidades o colegios no tienen derecho moral de obligar a la razón o la conciencia de ningún profesor. Se renuncia a todo reclamo de tal derecho mediante la apelación al público en general para contribuciones y apoyo moral en el mantenimiento, no de una propaganda, sino de una institución de aprendizaje no partidista. De ello se deduce que toda universidad que imponga restricciones a la libertad intelectual de sus profesores se autoproclama institución propietaria, y debe describirse como tal cada vez que hace un pedido general de fondos; y se debe advertir al público que la institución no tiene derecho alguno al apoyo o consideración general. Se renuncia a todo reclamo de tal derecho mediante la apelación al público en general de contribuciones y apoyo moral en el mantenimiento, no de una propaganda, sino de una institución de aprendizaje no partidista. De ello se deduce que toda universidad que imponga restricciones a la libertad intelectual de sus profesores se autoproclama institución propietaria, y debe describirse como tal cada vez que hace un pedido general de fondos; y se debe advertir al público que la institución no tiene derecho alguno al apoyo o consideración general. Se renuncia a todo reclamo de tal derecho mediante la apelación al público en general de contribuciones y apoyo moral en el mantenimiento, no de una propaganda, sino de una institución de aprendizaje no partidista. De ello se deduce que toda universidad que imponga restricciones a la libertad intelectual de sus profesores se autoproclama institución propietaria, y debe describirse como tal cada vez que hace un pedido general de fondos; y se debe advertir al público que la institución no tiene derecho alguno al apoyo o consideración general. y debe describirse así siempre que haga un pedido general de fondos; y se debe advertir al público que la institución no tiene derecho alguno al apoyo o consideración general. y debe describirse así siempre que haga un pedido general de fondos; y se debe advertir al público que la institución no tiene derecho alguno al apoyo o consideración general.

Esta distinción elemental entre un fideicomiso público y privado aún no es tan universalmente aceptada como debería serlo en nuestras instituciones americanas. Mientras que en muchas universidades y colegios la situación ha llegado a ser completamente satisfactoria, hay otros en los que la relación de los administradores con los profesores aparentemente todavía se concibe como análoga a la de un empleador privado con sus empleados; en el que, por lo tanto, los fideicomisarios no se consideran excluidos por ninguna restricción moral, más allá de su propio sentido de conveniencia, de imponer sus opiniones personales sobre la enseñanza de la institución, o incluso de emplear el poder de destitución para satisfacer sus antipatías privadas o resentimientos. Un eminente rector universitario describió así la situación no hace muchos años:

En las instituciones de educación superior, el consejo de administración es el órgano de cuya discreción, buenos sentimientos y experiencia depende ahora el aseguramiento de la libertad académica. Hay juntas que no dejan nada que desear en estos aspectos; pero también hay numerosos organismos que tienen todo que aprender en materia de libertad académica.

Estas juntas bárbaras ejercen un poder arbitrario de destitución. Excluyen de las enseñanzas de la universidad materias impopulares o peligrosas. En algunos estados incluso tratan los puestos de los profesores como botín político común; y con demasiada frecuencia, tanto en las instituciones públicas como en las privadas, no tratan a los miembros del personal docente con la alta consideración a la que sus funciones les dan derecho.

Es, entonces, un requisito previo para la realización de la medida adecuada de la libertad académica en las instituciones estadounidenses de aprendizaje, que todos los consejos de administración comprendan, como muchos ya lo hacen, todas las implicaciones de la distinción entre propiedad privada y fideicomiso público.

2. *La naturaleza de la vocación académica.* La concepción antes mencionada de una universidad como una empresa comercial ordinaria, y de la enseñanza académica como un empleo puramente privado, manifiesta también una falla radical para comprender la naturaleza de la función social desempeñada por el erudito profesional. Si bien deberíamos ser reacios a creer que un gran número de personas educadas sufren tal malentendido, parece deseable en este momento reafirmar claramente las razones principales, que se encuentran en la naturaleza de la profesión docente universitaria, por qué es en el interés público que el cargo de profesor debe ser uno tanto de dignidad como de independencia.

Si la educación es la piedra angular de la estructura de la sociedad y si el progreso en el conocimiento científico es esencial para la civilización, pocas cosas pueden ser más importantes que realzar la dignidad de la profesión del erudito, con miras a atraer a sus filas a hombres de la más alta capacidad, de sano aprendizaje, y de carácter fuerte e independiente. Esto es tanto más esencial cuanto que los emolumentos pecuniarios de la profesión no son, y sin duda nunca lo serán, iguales a los abiertos a los miembros más exitosos de otras profesiones.

No es, en nuestra opinión, deseable que los hombres sean atraídos a esta profesión por la magnitud de las recompensas económicas que ofrece; pero es por esta razón que es más necesario que los hombres de gran talento y carácter sean atraídos por la seguridad de una posición honorable y segura,

Esa función es tratar de primera mano, después de un entrenamiento técnico prolongado y especializado, con las fuentes del conocimiento; ya impartir los resultados de sus propias investigaciones y reflexiones, así como las de sus compañeros especialistas, tanto a los estudiantes como al público en general, sin temor ni favoritismo. El adecuado desempeño de esta función requiere (entre otras cosas) que el docente universitario esté exento de cualquier motivo o incentivo pecuniario para sostener o expresar cualquier conclusión que no sea el producto genuino e incoloro de su propio estudio o que de compañeros especialistas. De hecho, el cumplimiento adecuado del trabajo del profesorado requiere que nuestras universidades sean tan libres que ninguna persona imparcial encuentre excusa alguna para siquiera sospechar que las expresiones de los profesores universitarios están moldeadas o restringidas por el juicio, no de eruditos profesionales, sino de personas inexpertas y posiblemente no del todo desinteresadas fuera de sus filas. El público lego no está obligado a aceptar o actuar sobre las opiniones de los expertos científicos que, a través de las universidades, emplea. Pero es muy necesario, en interés de la sociedad en general, que lo que pretenden ser las conclusiones de hombres entrenados y dedicados a la búsqueda de la verdad, sean de hecho las conclusiones de tales hombres, y no ecos. de las opiniones del público lego, o de los individuos que dotan o administran las universidades.

En la medida en que los académicos profesionales, en la formación y promulgación de sus opiniones, estén, o por el carácter de su cargo parezcan estar, sujetos a cualquier motivo que no sea su propia conciencia científica y el deseo de obtener el respeto de sus colegas expertos, en tal grado se corrompe la profesión docente universitaria; su influencia adecuada la influencia sobre la opinión pública se ve disminuida y viciada; y la sociedad en general no obtiene de sus eruditos, en una forma no adulterada, el servicio peculiar y necesario que es tarea del erudito profesional proporcionar.

Estas consideraciones aclaran aún más la naturaleza de la relación entre los fideicomisarios universitarios y los miembros de las facultades universitarias. Estos últimos son los designados, pero no en ningún sentido propio los empleados, de los primeros. Porque, una vez designado, el académico tiene funciones profesionales que realizar en las que las autoridades nominadoras no tienen competencia ni derecho moral para intervenir. La responsabilidad del docente universitario es ante todo ante el público mismo y ante el juicio de su propia profesión; y si bien, con respecto a ciertas condiciones externas de su vocación, acepta una responsabilidad ante las autoridades de la institución en la que sirve, en lo esencial de su actividad profesional, su deber es hacia el público más amplio al que está dirigida la institución misma. moralmente dócil. En lo que se refiere a la independencia de pensamiento y expresión del profesor universitario —aunque no en otros aspectos—, la relación del profesor con los fideicomisarios puede compararse con la que existe entre los jueces de los tribunales federales y el ejecutivo que los nombra. Debe entenderse que los profesores universitarios, con respecto a las conclusiones alcanzadas y expresadas por ellos, no están más sujetos al control de los síndicos, que los jueces están sujetos al control del presidente, con respecto a sus decisiones; mientras que, por supuesto, por la misma razón, los fideicomisarios no deben ser considerados responsables de las opiniones o expresiones de los profesores, o presumirse que están de acuerdo con ellas, como tampoco puede suponerse que el presidente aprueba todos los razonamientos legales de los tribunales. . Una universidad es un órgano grande e indispensable de la vida superior de una comunidad civilizada,

3. *La Función de la Institución Académica.* La importancia de la libertad académica se percibe más claramente a la luz de los propósitos para los que existen las universidades. Estos son tres en número:

a. promover la investigación y promover la suma del conocimiento humano;

b. proporcionar instrucción general a los estudiantes; y

c. desarrollar expertos para diversas ramas del servicio público.

Consideremos cada uno de estos. En las primeras etapas del desarrollo intelectual de una nación, la principal preocupación de las instituciones educativas es capacitar a la generación en crecimiento y difundir el conocimiento ya aceptado. Es sólo lentamente que llega a darse en las más altas instituciones de aprendizaje la oportunidad de arrancar gradualmente de la naturaleza sus secretos íntimos. La universidad moderna se está convirtiendo cada vez más en el hogar de la investigación científica. Hay tres campos de la investigación humana en los que la raza está sólo al principio: las ciencias naturales, las ciencias sociales y la filosofía y la religión, que se ocupan de las relaciones del hombre con la naturaleza exterior, con sus semejantes y con las realidades últimas y la religión. valores. En ciencias naturales todo lo que hemos aprendido sirve para que nos demos cuenta más profundamente de cuánto queda por descubrir. En la ciencia social en su sentido más amplio, que se ocupa de las relaciones de los hombres en sociedad y de las condiciones del orden social y el bienestar, hemos aprendido sólo un esbozo de las leyes que gobiernan estos fenómenos sumamente complejos. Finalmente, en la vida espiritual, y en la interpretación del significado y fines generales de la existencia humana y su relación con el universo, estamos todavía lejos de una comprensión de las verdades finales, y de un acuerdo universal entre todos los sinceros y sinceros. hombres serios. En todos estos dominios del conocimiento, la primera condición del progreso es la libertad completa e ilimitada para investigar y publicar sus resultados.

Tal libertad es el aliento en las fosas nasales de toda actividad científica. que se ocupa de las relaciones de los hombres en sociedad y de las condiciones del orden social y el bienestar, hemos aprendido sólo un esbozo de las leyes que gobiernan estos fenómenos sumamente complejos. Finalmente, en la vida espiritual, y en la interpretación del significado y fines generales de la existencia humana y su relación con el universo, estamos todavía lejos de una comprensión de las verdades finales, y de un acuerdo universal entre todos los sinceros y sinceros. hombres serios. En todos estos dominios del conocimiento, la primera condición del progreso es la libertad completa e ilimitada para investigar y publicar sus resultados. Tal libertad es el aliento en las fosas nasales de toda actividad científica. que se ocupa de las relaciones de los hombres en sociedad y de las condiciones del orden social y el bienestar, hemos aprendido sólo un esbozo de las leyes que gobiernan estos fenómenos sumamente complejos. Finalmente, en la vida espiritual, y en la interpretación del significado y fines generales de la existencia humana y su relación con el universo, estamos todavía lejos de una comprensión de las verdades finales, y de un acuerdo universal entre todos los sinceros y sinceros. hombres serios. En todos estos dominios del conocimiento, la primera condición del progreso es la libertad completa e ilimitada para investigar y publicar sus resultados. Tal libertad es el aliento en las fosas nasales de toda actividad científica. y en la interpretación del significado general y fines de la existencia humana y su relación con el universo, estamos todavía lejos de una comprensión de las verdades finales, y de un acuerdo universal entre todos los hombres sinceros y serios. En todos estos dominios del conocimiento, la primera condición del progreso es la libertad completa e ilimitada para investigar y publicar sus resultados.

Tal libertad es el aliento en las fosas nasales de toda actividad científica. y en la interpretación del significado general y fines de la existencia humana y su relación con el universo, estamos todavía lejos de una comprensión de las verdades finales, y de un acuerdo universal entre todos los hombres sinceros y serios. En todos estos dominios del conocimiento, la primera condición del progreso es la libertad completa e ilimitada para investigar y publicar sus resultados. Tal libertad es el aliento en las fosas nasales de toda actividad científica.

La segunda función, que durante mucho tiempo fue la única función, del colegio o universidad estadounidense es proporcionar instrucción a los estudiantes. Apenas se puede cuestionar que la libertad de expresión es tan importante para el maestro como para el investigador. Ningún hombre puede ser un maestro exitoso a menos que goce del respeto de sus alumnos y de su confianza en su integridad intelectual. Es claro, sin embargo, que esta confianza se verá mermada si existe la sospecha por parte del alumno de que el profesor no se está expresando plena o francamente, o que los profesores universitarios en general son una clase reprimida e intimidada que no se atreve a habla con ese candor y coraje que la juventud exige siempre en aquellos a quienes ha de estimar. El estudiante promedio es un observador perspicaz, que pronto toma la medida de su instructor. No es sólo el carácter de la instrucción sino también el carácter del instructor lo que cuenta; y si el estudiante tiene razón para creer que el instructor no es fiel a sí mismo, la virtud de la instrucción como fuerza educativa se ve incalculablemente disminuida. No debe haber en la mente del maestro ninguna reserva mental. Debe dar al alumno lo mejor de lo que tiene y de lo que es.

La tercera función de la universidad moderna es desarrollar expertos para uso de la comunidad. Si hay algo que distingue a los desarrollos más recientes de la democracia es el reconocimiento por parte de los legisladores de las complejidades inherentes a la vida económica, social y política, y la dificultad de resolver problemas de ajuste técnico sin conocimientos técnicos. El reconocimiento de este hecho ha provocado una demanda cada vez mayor de la ayuda de expertos en estas materias, para asesorar tanto a los legisladores como a los administradores. En consecuencia, la formación de tales expertos se ha convertido en los últimos años en una parte importante del trabajo de las universidades; y en casi cada una de nuestras instituciones superiores de aprendizaje los profesores de lo económico, social, y las ciencias políticas se han visto involucradas en una medida cada vez mayor en una participación más o menos no oficial en el servicio público. Es obvio que aquí nuevamente el erudito debe ser absolutamente libre no sólo para proseguir sus investigaciones sino también para declarar los resultados de sus investigaciones, sin importar a dónde lo lleven o hasta qué punto puedan entrar en conflicto con la opinión aceptada. Para ser útil al legislador o al administrador, debe gozar de su completa confianza en el desinterés de sus conclusiones.

Es claro, entonces, que la universidad no puede realizar su triple función sin aceptar y hacer cumplir en toda su extensión el principio de la libertad académica. La responsabilidad de la universidad como un todo es para con la comunidad en general, y cualquier restricción a la libertad del profesor está destinada a reaccionar de manera perjudicial sobre la eficiencia y la moral de la institución y, por lo tanto, en última instancia, sobre los intereses de la comunidad.

*   *   *   *   *

Los intentos de infringir la libertad académica en la actualidad son probablemente no sólo menos frecuentes que los que se encontraron en épocas anteriores, sino también de un carácter diferente. En el período inicial del desarrollo universitario en América, la principal amenaza a la libertad académica era la eclesiástica, y las disciplinas más afectadas eran la filosofía y las ciencias naturales. En tiempos más recientes, la zona de peligro se ha trasladado a las ciencias políticas y sociales, aunque todavía tenemos ejemplos esporádicos de la primera clase de casos en algunas de nuestras instituciones más pequeñas. Pero es precisamente en estas provincias del conocimiento en las que la libertad académica es ahora más probable que se vea amenazada, donde su necesidad es al mismo tiempo más evidente. Ninguna persona de inteligencia cree que todos nuestros problemas políticos han sido resueltos, o que se ha llegado a la etapa final de la evolución social. Problemas graves en el ajuste de las relaciones sociales y económicas de los hombres seguramente requerirán solución en los años venideros; y para el correcto establecimiento de ellos la humanidad necesitará toda la sabiduría, toda la buena voluntad, toda la sobriedad mental y todo el conocimiento extraído de la experiencia, que pueda dominar. Hacia este arreglo, la universidad tiene potencialmente su propia gran contribución que hacer; pues para que el ajuste logrado sea acertado, debe tener debidamente en cuenta la ciencia económica y guiarse por esa amplitud de visión histórica que debe ser una de las funciones de una universidad cultivar. Pero si las universidades han de prestar tal servicio hacia la solución correcta de los problemas sociales del futuro, el trabajo de las universidades no estará en una posición de dependencia del favor de ninguna clase social o grupo, que el desinterés y la imparcialidad de sus investigaciones y sus conclusiones estarán, en la medida de lo humanamente posible, fuera del alcance de la sospecha.

Los peligros especiales para la libertad de enseñanza en el dominio de las ciencias sociales son evidentemente dos. El que es más probable que afecte a los colegios y universidades de dotación privada es el peligro de restricciones a la expresión de opiniones que apuntan hacia amplias innovaciones sociales, o ponen en duda la legitimidad moral o la conveniencia social de las condiciones económicas o las prácticas comerciales en las que están involucrados grandes intereses creados. En el campo político, social y económico, casi todas las cuestiones, por grandes y generales que parezcan a primera vista, están más o menos afectadas por intereses privados o de clase; y como el cuerpo de gobierno de una universidad se compone naturalmente de hombres que por su posición y capacidad están personalmente interesados en grandes empresas privadas, los puntos de posible conflicto son innumerables.

En cambio, en nuestras universidades estatales el peligro puede ser el contrario. Cuando la universidad depende de los fondos del favor legislativo, a veces ha sucedido que la conducta de la institución se ha visto afectada por consideraciones políticas; y donde existe una política gubernamental definida o un fuerte sentimiento público sobre cuestiones económicas, sociales o políticas, la amenaza a la libertad académica puede consistir en la represión de opiniones que en la situación política particular se consideran ultraconservadoras en lugar de que ultrarradicales. El punto esencial, sin embargo, no es tanto que la opinión sea de uno u otro matiz, sino que difiere de los puntos de vista sostenidos por las autoridades. La cuestión se resuelve en una de desviación de los estándares aceptados; si la salida es en una dirección o en la otra es irrelevante.

Esto nos lleva a la dificultad más seria de este problema; a saber, los peligros relacionados con la existencia en una democracia de una opinión pública abrumadora y concentrada. La tendencia de la democracia moderna es que los hombres piensen igual, sientan igual y hablen igual.

109

Cualquier desviación de los estándares convencionales puede ser vista con sospecha. La opinión pública es a la vez la principal salvaguarda de una democracia, y la principal amenaza para la libertad real del individuo. Casi parece como si el peligro del despotismo no pudiera evitarse por completo bajo ninguna forma de gobierno. En una autocracia política no hay opinión pública efectiva, y todos están sujetos a la tiranía del gobernante; en una democracia hay libertad política, pero es probable que haya una tiranía de la opinión pública.

Un refugio inviolable de tal tiranía debe encontrarse en la universidad. Debería ser una estación de experimentación intelectual, donde puedan germinar nuevas ideas y donde su fruto, aunque todavía desagradable para la comunidad en su conjunto, pueda madurar hasta que finalmente, tal vez, pueda convertirse en parte del alimento intelectual aceptado de la comunidad. nación o del mundo. No menos es un deber distintivo de la universidad ser el conservador de todos los elementos genuinos de valor en el pensamiento y la vida pasados de la humanidad que no están a la moda del momento. Aunque no tiene por qué ser el "hogar de las causas derrotadas", es probable que la universidad siempre ejerza cierta forma de influencia conservadora. Porque por su naturaleza está comprometido con el principio de que el conocimiento debe preceder a la acción, a la cautela (de ninguna manera sinónimo de timidez intelectual) que es una parte esencial del método científico, al sentido de la complejidad de los problemas sociales, a la práctica de mirar hacia el futuro a largo plazo, y a una consideración razonable por las enseñanzas de la experiencia. Una de sus funciones más características en una sociedad democrática es ayudar a que la opinión pública sea más autocrítica y más circunspecta, frenar los impulsos más precipitados y desconsiderados del sentimiento popular, educar a la democracia en el hábito de mirar hacia adelante y hacia atrás.

Es precisamente esta función de la universidad la que resulta más lesionada por cualquier restricción a la libertad académica; y son precisamente los que más valoran este aspecto de la labor universitaria los que más enérgicamente deberían protestar contra tal restricción. Porque el público puede respetar y ser influenciado por, el temperamento científico y de investigación imparcial. Es poco probable que los respete o les preste atención si tiene razones para creer que son la expresión de los intereses, o la timidez, de la porción limitada de la comunidad que está en condiciones de dotar a las instituciones de aprendizaje, o es muy probable que estar representados en sus patronatos. Y una razón plausible para esta creencia se le da al público siempre que nuestras universidades no estén organizadas de tal manera que haga imposible cualquier ejercicio de presión sobre las opiniones y declaraciones de los profesores por parte de las juntas directivas de laicos.

Como no hay derechos sin deberes correspondientes, las consideraciones antes enunciadas respecto de la libertad del docente académico conllevan ciertas obligaciones correlativas. La reivindicación de la libertad de enseñanza se hace en interés de la integridad y del progreso de la investigación científica; por lo tanto, sólo aquellos que llevan a cabo su trabajo con el temperamento del investigador científico pueden afirmar con justicia esta afirmación. La libertad del erudito dentro de la universidad para exponer sus conclusiones, sean cuales sean, está condicionada por el hecho de que sean conclusiones obtenidas mediante el método de un erudito y sostenidas en el espíritu de un erudito; es decir, deben ser fruto de una indagación competente, paciente y sincera, y deben exponerse con dignidad, cortesía y moderación de lenguaje. El profesor universitario, al dar instrucción sobre asuntos controvertidos, si bien no tiene la obligación de ocultar su propia opinión bajo una montaña de palabrería equívoca, debe, si es apto para su puesto, ser una persona de mente justa y juiciosa; debe, al tratar con tales temas, exponer con justicia, sin supresión ni insinuaciones, las opiniones divergentes de otros investigadores; debe hacer que sus estudiantes se familiaricen con las mejores expresiones publicadas de los grandes tipos históricos de doctrina sobre las cuestiones en cuestión; y debe, sobre todo, recordar que su negocio no es proporcionar a sus estudiantes conclusiones preparadas, sino entrenarlos para que piensen por sí mismos y proporcionarles acceso a los materiales que necesitan para pensar inteligentemente. si bien no tiene la obligación de ocultar su propia opinión bajo una montaña de palabrería equívoca, debe, si es apto para su puesto, ser una persona de mente justa y juiciosa; debe, al tratar con tales temas, exponer con justicia, sin supresión ni insinuaciones, las opiniones divergentes de otros investigadores; debe hacer que sus estudiantes se familiaricen con las mejores expresiones publicadas de los grandes tipos históricos de doctrina sobre las cuestiones en cuestión; y debe, sobre todo, recordar que su negocio no es proporcionar a sus estudiantes conclusiones preparadas, sino entrenarlos para que piensen por sí mismos y proporcionarles acceso a los materiales que necesitan para pensar inteligentemente. si bien no tiene la obligación de ocultar su propia opinión bajo una montaña de palabrería equívoca, debe, si es apto para su puesto, ser una persona de mente justa y juiciosa; debe, al tratar con tales temas, exponer con justicia, sin supresión ni insinuaciones, las opiniones divergentes de otros investigadores; debe hacer que sus estudiantes se familiaricen con las mejores expresiones publicadas de los grandes tipos históricos de doctrina sobre las cuestiones en cuestión; y debe, sobre todo, recordar que su negocio no es proporcionar a sus estudiantes conclusiones preparadas, sino entrenarlos para que piensen por sí mismos y proporcionarles acceso a los materiales que necesitan para pensar inteligentemente. al tratar con tales temas, exponer con justicia, sin supresión ni insinuaciones, las opiniones divergentes de otros investigadores; debe hacer que sus estudiantes se familiaricen con las mejores expresiones publicadas de los grandes tipos históricos de doctrina sobre las cuestiones en cuestión; y debe, sobre todo, recordar que su negocio no es proporcionar a sus estudiantes conclusiones preparadas, sino entrenarlos para que piensen por sí mismos y proporcionarles acceso a los materiales que necesitan para pensar inteligentemente al tratar con tales temas, exponer con justicia, sin supresión ni insinuaciones, las opiniones divergentes de otros investigadores; debe hacer que sus estudiantes se familiaricen con las mejores expresiones publicadas de los grandes tipos históricos de doctrina sobre las cuestiones en cuestión; y debe, sobre todo, recordar que su negocio no es proporcionar a sus estudiantes conclusiones preparadas, sino entrenarlos para que piensen por sí mismos y proporcionarles acceso a los materiales que necesitan para pensar inteligentemente.

Sin embargo, por razones que ya se han hecho evidentes, es inadmisible que el poder de determinar cuándo se han producido desviaciones de los requisitos del espíritu y el método científicos, deba conferirse a organismos que no estén compuestos por miembros de la profesión académica. Dichos órganos necesariamente carecen de plena competencia para juzgar dichos requisitos; su intervención nunca puede estar exenta de la sospecha de que la dictan otros motivos que el celo por la integridad de la ciencia; y, en todo caso, no conviene a la dignidad de una gran profesión que la responsabilidad inicial del mantenimiento de sus normas profesionales no esté en manos de sus propios miembros. De ello se deduce que los docentes universitarios deben estar preparados para asumir esta responsabilidad por sí mismos. Hasta ahora rara vez han tenido la oportunidad, o tal vez la disposición, para hacerlo. La obligación, sin duda, les parecerá, por lo tanto, a muchos desagradable y gravosa; y para su debido desempeño, los miembros de la profesión tal vez necesiten adquirir, en mayor medida de la que actualmente poseen, la capacidad de juicio impersonal en tales casos, y de severidad judicial cuando la ocasión lo requiera. Pero la responsabilidad no puede, en opinión de este comité, ser legítimamente eludida. Si esta profesión se mostrara reacia a purgar sus filas de incompetentes e indignos, o a impedir que la libertad que reclama en nombre de la ciencia sea utilizada como refugio para la ineficacia, la superficialidad o la falta de sentido crítico y el partidismo desmedido, es seguro que la tarea será realizada por otros, por otros que carecen de ciertas calificaciones esenciales para realizarla, y cuya acción seguramente generará sospechas y controversias recurrentes profundamente perjudiciales para el orden interno y la reputación pública de las universidades. Por lo tanto, su comité ha tratado de sugerir en las "Propuestas prácticas" adjuntas los medios por los cuales se puede asegurar la acción judicial de los representantes de la profesión, con respecto a los asuntos a los que se hace referencia aquí.

Hay un caso en el que el maestro académico está obligado a observar ciertas restricciones especiales, a saber, la instrucción de estudiantes inmaduros. En muchas de nuestras universidades estadounidenses, y especialmente en los primeros dos años del curso, el carácter del estudiante aún no está completamente formado, su mente todavía es relativamente inmadura. En estas circunstancias, se puede esperar razonablemente que el instructor presente la verdad científica con discreción, que introduzca gradualmente al estudiante a nuevos conceptos, con alguna consideración por las ideas preconcebidas y las tradiciones del estudiante, y con la debida atención a la formación del carácter. El maestro también debe estar especialmente en guardia para no aprovecharse injustamente de la inmadurez del alumno adoctrinándolo con las propias opiniones del maestro antes de que el alumno haya tenido la oportunidad de examinar con imparcialidad otras opiniones sobre los asuntos en cuestión, y antes de que tenga suficiente conocimiento y madurez de juicio para tener derecho a formarse una opinión propia definitiva. No es el menor servicio que un colegio o universidad puede prestar a los que están bajo su instrucción, acostumbrarlos a mirar no sólo con paciencia sino metódicamente a ambos lados, antes de adoptar cualquier conclusión sobre cuestiones controvertidas. Con estas sugerencias, sin embargo, no es necesario decir que el comité no pretende dar a entender que no es el deber de un instructor académico dar a los estudiantes lo suficientemente mayores para estar en la universidad un despertar intelectual genuino y despertar en ellos una vivo deseo de llegar a conclusiones verificadas personalmente sobre todas las cuestiones de interés general para la humanidad, o de especial significado para su propio tiempo. Hay mucho de verdad en algunos comentarios hechos recientemente a este respecto por el presidente de una universidad:

A ciertos profesores se les ha negado la reelección últimamente, aparentemente porque hacen que sus estudiantes piensen de manera objetable para los fideicomisarios. Sería bueno que se despidieran más profesores porque no logran estimular el pensamiento de ningún tipo. Podemos permitirnos perdonar a un profesor universitario lo que consideramos un error ocasional de su doctrina, especialmente si podemos estar equivocados, siempre que sea un centro contagioso de entusiasmo intelectual. Es mejor para los estudiantes pensar en las herejías que no pensar en absoluto; mejor para ellos escalar nuevos senderos y tropezar con el error si es necesario, que cabalgar para siempre en una comodidad tapizada en la carretera abarrotada. Es un deber principal de un maestro hacer que un alumno tome una cuenta honesta de su stock de ideas, deseche el material muerto, coloque marcas de precio revisadas en lo que queda. Sin embargo, es posible y necesario que tal despertar intelectual se produzca con paciencia, consideración y sabiduría pedagógica.

Hay una consideración adicional con respecto a las expresiones en el aula de los profesores universitarios y universitarios sobre la cual el comité cree que es importante llamar la atención de los miembros de la profesión y de las autoridades administrativas. Tales declaraciones siempre deben considerarse comunicaciones privilegiadas. No se debe suponer que las discusiones en el aula sean declaraciones para el público en general. A menudo están diseñados para provocar oposición o suscitar debate. Desafortunadamente, a veces ha sucedido en este país que periódicos sensacionalistas han citado y tergiversado tales comentarios. Como cuestión de derecho consuetudinario, es claro que las declaraciones de un instructor académico son privilegiadas y no pueden publicarse, en su totalidad o en parte, sin su autorización.

Pero nuestra práctica, desafortunadamente, aún difiere de la de países extranjeros, y no se ha puesto ningún control efectivo en este país sobre tal publicación no autorizada y, a menudo, engañosa. Es muy deseable que se hagan casos de prueba de cualquier infracción de la regla.

En sus declaraciones extramuros, es obvio que los profesores académicos tienen la peculiar obligación de evitar afirmaciones apresuradas, no verificadas o exageradas, y de abstenerse de modos de expresión intemperantes o sensacionalistas. Pero, sujeto a estas restricciones, no es, en opinión de este comité, deseable que se prohíba a los académicos expresar sus juicios sobre cuestiones controvertidas, o que su libertad de expresión, fuera de la universidad, se limite a las cuestiones que caen dentro sus propias especialidades. Evidentemente, no es adecuado que se les prohíba prestar su apoyo activo a movimientos organizados que creen que son de interés público. Y, hablando en términos generales, puede decirse en palabras de un organismo no académico ya citado una vez en una publicación de esta Asociación.

Sin embargo, es una cuestión que merece la consideración de los miembros de esta Asociación y de los funcionarios universitarios hasta qué punto los profesores académicos, al menos los que se ocupan de temas políticos, económicos y sociales, deben ocupar un lugar destacado en la gestión de nuestras grandes organizaciones partidarias o deben ser candidatos a cargos estatales o nacionales de carácter netamente político. Es manifiestamente deseable que tales maestros tengan mentes libres de lealtades partidistas, no excitadas por entusiasmos partidistas e imparciales por ambiciones políticas personales; y que las universidades no deben involucrarse en antagonismos partidistas.

Por otro lado, es igualmente manifiesto que el material disponible para el servicio del Estado se vería restringido de manera altamente indeseable, si se entendiera que ningún miembro de la profesión académica debe ser llamado jamás a asumir las responsabilidades de un cargo público.

Esta pregunta puede, en opinión del comité, adecuarse a posiblemente se convierta en un tema de discusión especial en alguna reunión futura de esta Asociación, a fin de que se pueda acordar una política práctica que haga justicia a las dos consideraciones parcialmente contradictorias que se relacionan con el asunto.

Como se verá, en ningún sentido es el argumento de este comité que la libertad académica implica que los maestros individuales deben estar exentos de todas las restricciones en cuanto a la materia o forma de sus expresiones, ya sea dentro o fuera de la universidad. Las restricciones que sean necesarias deben, en su mayoría, según sostiene su comité, ser autoimpuestas o impuestas por la opinión pública de la profesión. Pero, indudablemente, pueden surgir casos ocasionales en los que las aberraciones de los individuos requieran ser controladas por una acción disciplinaria definitiva. Lo que este informe sostiene principalmente es que tal acción no puede ser tomada con seguridad por organismos que no estén compuestos por miembros de la profesión académica. Las juntas directivas laicas son competentes para juzgar sobre los cargos de negligencia habitual de los deberes asignados, por parte de maestros individuales, y en relación con los cargos de delincuencia moral grave. Pero en materia de opinión y de expresión de opinión, tales juntas no pueden intervenir sin destruir, en la medida de su intervención, la naturaleza esencial de una universidad, sin convertirla de un lugar dedicado a la apertura de la mente, en el que las conclusiones expresadas son las conclusiones probadas de eruditos entrenados, en un lugar cerrado contra el acceso de nueva luz, y comprometidos de antemano con las opiniones o prejuicios de hombres que no han sido apartados o expresamente entrenados para los deberes del erudito.

En resumen, no es la absoluta libertad de expresión del erudito individual, sino la absoluta libertad de pensamiento, de investigación, de discusión y de enseñanza, de la profesión académica, lo que se afirma en esta declaración de principios. Es concebible que nuestra profesión resulte indigna de su alta vocación, e inadecuada para ejercer las responsabilidades que le corresponden. Pero apenas se dirá que ha dado pruebas de tal falta de idoneidad. Y la existencia de esta Asociación, como le parece a su comité, debe interpretarse como una promesa, no solo de que la profesión protegerá con seriedad aquellas libertades sin las cuales no puede prestar correctamente su servicio distintivo e indispensable a la sociedad, sino también que procurará con igual fervor mantener las normas de carácter profesional y de integridad y competencia científicas que lo conviertan en un instrumento adecuado para ese servicio.

Propuestas Prácticas

Como implica la declaración anterior, los fines a lograr son principalmente tres:

Primero: Salvaguardar la libertad de investigación y de enseñanza contra ataques tanto encubiertos como manifiestos, proporcionando órganos judiciales adecuados, integrados por miembros de la profesión académica, que puedan ser llamados a actuar antes de que los docentes universitarios sean despedidos o sancionados, y que puedan determinar en qué casos la la cuestión de la libertad académica está realmente involucrada.

Segundo: Por los mismos medios, para proteger a los ejecutivos y juntas directivas de los colegios contra cargos injustos de violación de la libertad académica o de conducta arbitraria y dictatorial, cargos que, cuando adquieren amplia difusión y credibilidad, son sumamente perjudiciales para la buena reputación y la influencia de las universidades

Tercero: Hacer que la profesión sea más atractiva para hombres de gran capacidad y fuerte personalidad asegurando la dignidad, la independencia y la seguridad razonable de permanencia en el cargo de profesor.

Las medidas que se cree necesario que adopten nuestras universidades para la realización de estos fines, medidas que ya han sido adoptadas en parte por algunas instituciones, son cuatro:

1. *Actuación de las Comisiones de Facultad sobre Reelección.* La acción oficial relacionada con la reelección y la denegación de la reelección debe tomarse solo con el consejo y consentimiento de algún representante de la junta o comité de la facultad. Su comité no desea hacer en este momento ninguna sugerencia en cuanto a la forma de selección de dichas juntas.

2. *Definición de Permanencia en el Cargo.* En toda institución debe existir un entendimiento inequívoco en cuanto al término de cada nombramiento; y la tenencia de cátedras y cátedras asociadas, y de todos los puestos por encima del grado de instructor después de diez años de servicio, debe ser permanente (sujeto a las disposiciones que se dan a continuación para la remoción por cargos). En aquellas universidades estatales que legalmente no pueden hacer contratos por más de un período limitado, las juntas de gobierno deben anunciar su política con respecto a la presunción de reelección en las diversas clases de cargos, y tales anuncios, aunque no sean legalmente exigibles, deben considerarse moralmente vinculantes. Ningún docente universitario de cualquier rango deberá, salvo en casos de grave delincuencia moral, recibir notificación de despido o de denegación de reelección, a más tardar tres meses antes del cierre de cualquier año académico, y en el caso de docentes por encima del grado de instructor, se debe dar un aviso de un año.

3. *Formulación de Causales de Despido.* En toda institución deberán formularse con razonable precisión las causales que se considerarán

justificativas de la destitución de los miembros de la facultad; y en el caso de instituciones que impongan en sus facultades normas doctrinales de carácter sectario o partidista, dichas normas deberán estar claramente definidas y designarse el organismo o persona que tenga autoridad para interpretarlas, en caso de controversia. Su comisión no cree que sea mejor en este momento tratar de enumerar los motivos legítimos de despido, creyendo que es preferible que las instituciones individuales tomen la iniciativa en esto.

4. *Audiencias judiciales antes del despido.* Todo docente universitario o de colegio debe tener derecho, antes del despido o degradación, a que los cargos en su contra se establezcan por escrito en términos específicos y a tener un juicio justo sobre esos cargos ante un comité judicial especial o permanente elegido por el senado o consejo de la facultad, o por la facultad en general. En dicho juicio, el maestro acusado debe tener plena oportunidad de presentar pruebas y, si el cargo es de incompetencia profesional, los maestros de su propio departamento y de departamentos afines en el país deben realizar primero un informe formal sobre su trabajo dentro de la universidad por escrito. Si el profesor interesado así lo desea, se podria designar un comité de colegas especialistas de otras instituciones, designados por alguna autoridad competente.

notas

1. *Boletín de la AAUP,* Volumen I, Parte 1 (diciembre de 1915): 17–39. Las referencias exclusivamente al género masculino en este documento histórico se han dejado como estaban.
2. De "Academic Freedom", un discurso pronunciado ante el Capítulo de Nueva York de la Sociedad Phi Beta Kappa en la Universidad de Cornell, el 29 de mayo de 1907, por Charles William Eliot, LL.D., presidente de la Universidad de Harvard.

3. Presidente William T. Foster en The Nation, 11 de noviembre de 1915.

4. El caso principal es Abernethy v. Hutchison, 3 LJ, cap. 209. En este caso, donde se concedieron daños y perjuicios, el tribunal sostuvo lo siguiente: "Que las personas que sean admitidas como alumnos o de otro modo para escuchar estas conferencias, aunque sean pronunciadas oralmente y las partes puedan llegar hasta el extremo, si pudieran para hacerlo, de poner por escrito el todo por medio de taquigrafía, pero sólo pueden hacerlo para el propósito de su propia información y no podrían publicar, con fines de lucro, lo que no habían obtenido el derecho de vender."

5. Informe de la Junta de Asuntos Públicos del Estado de Wisconsin, diciembre de 1914.

6. Esto no se refiere a las denegaciones de reelección al vencimiento de los mandatos de los profesores por debajo del rango de profesor asociado. Todas estas cuestiones de reelección deben, como se indica anteriormente, ser tratadas por un comité de facultad.

APÉNDICE II

FORO:

Libertad académica y autonomía universitaria en riesgo: los agravios

Cámara de Diputados
Ciudad de México, 2 de marzo de 2022

I. Presentación

Entre los 100 compromisos anunciados el 1 de diciembre de 2018 por el presidente de la República, el octavo señalaba: "Se promoverá la investigación científica y tecnológica; se apoyará a estudiantes y académicos con becas y otros estímulos en bien del conocimiento.

El CONACYT coordinará el Plan Nacional para la Innovación en beneficio de la sociedad y del desarrollo nacional con la participación de universidades, pueblos, científicos y empresas."

Lejos de esa promesa, la educación superior y la actividad científica en México inician 2022 en una situación crítica. Hay instituciones de educación superior, como la Escuela Nacional de Antropología e Historia (ENAH) que, víctimas de la austeridad, deben operar sin recursos y con personal en condiciones laborales precarias. Varias universidades autónomas, como la Universidad de Guadalajara, viven embates políticos y recortes presupuestarios por parte del gobierno estatal. La comunidad de la Universidad de las Américas-Puebla (UDLAP) ha sido despojada de sus instalaciones. Y en varias instituciones, como el Centro de Investigación y Docencia Económicas (CIDE), se ha impuesto a autoridades de espaldas a la comunidad y se ha pretendido eliminar la pluralidad académica en pos de un pensamiento único, definido por el gobierno. Hay precariedad e incertidumbre en la comunidad universitaria y un discurso gubernamental que atenta contra la libertad académica.

Es necesario emprender una discusión nacional sobre el sistema científico y tecnológico de nuestro país, en especial, sobre las acciones y cambios emprendidos por este gobierno, así como sus efectos y las posibles acciones por venir en los próximos tres años, en particular frente a los ataques a la autonomía universitaria y la posible discusión de una Ley General de Ciencia y Tecnología e Innovación.

II. Objetivo

El foro "Libertad académica y autonomía universitaria en riesgo: Los agravios" tiene por objetivo discutir la política científica de la actual administración federal, mostrar las condiciones nocivas a la autonomía universitaria en todo el país, desde el discurso estigmatizante y la ideologización del sector científico hasta las amenazas políticas, legales y presupuestales contra la labor científica y la libertad académica. Buscará también compartir experiencias colectivas e institucionales sobre los efectos y consecuencias en la ciencia y en la comunidad universitaria.

III. Justificación

La política científica de la actual administración y las amenazas a la autonomía universitaria por parte de autoridades federales y estatales deben ser sujetas a una profunda revisión y discusión por parte de la comunidad académica y el poder legislativo. Desde el inicio de la administración el diálogo con la comunidad científica se ha roto y las acciones emprendidas han abonado a acrecentar las tensiones y generar conflicto. El Consejo Nacional de Ciencia y Tecnología (CONACYT) del actual gobierno ha emprendido una serie de cambios en la normatividad, en la configuración institucional, en los programas y lineamientos que componen al Sistema científico del país, no sólo con el objetivo de reducir y centralizar los recursos, sino también, con el fin de sujetar la investigación científica a lineamientos políticos e ideológicos.

En la larga lista de agravios y desaguisados se encuentran la eliminación de los fideicomisos de ciencia y tecnología, que significó una reducción significativa en los recursos y de la autonomía para concluir proyectos de investigación; los cambios en el Sistema Nacional de Investigadores (SNI) que violan los derechos de científicos de universidades privadas y los excluyen de facto de estímulos a la investigación; la presentación de una iniciativa de Ley de Humanidades, Ciencia y Tecnología elaborada sin consultar a la comunidad científica; la eliminación de la independencia del Foro Consultivo, que se acompañó de la persecución penal de sus integrantes; los cambios en el Programa Cátedras CONACYT, que vulneró aún más los derechos laborales de sus investigadores; los Programas Nacionales Estratégicos, que limitan la libertad investigación y de cátedra; los cambios en la normatividad de los programas de becas, que ha afectado a estudiantes en México y en el extranjero; los problemas de pagos con el programa de estancias posdoctorales; las remociones de académicos de puestos de dirección, lo que se ha traducido en el entorpecimiento de la gestión y conducción de centros públicos de investigación.

La lista de agravios puede extenderse todavía más. Sin embargo, es necesario incluir, como cierre, la más preocupante: la permanente campaña de ataque hacia los integrantes de la comunidad científica, tanto por parte de la cabeza del sector, como desde la presidencia de la República. Las constantes acusaciones sin pruebas de presuntos actos de corrupción, los reproches por detentar una presumida lista de privilegios, los señalamientos de una supuesta complicidad con injusticias del pasado y, en especial, imputaciones sobre ejercer una ciencia neoliberal dañan moral y profesionalmente a las y los científicos y académicos, vulneran libertades fundamentales como la libertad de expresión, de investigación y de cátedra, pero, sobre todo, atentan contra el fortalecimiento y desarrollo de la investigación libre y autónoma.

Tampoco puede dejar de mencionarse que el Programa Especial de Ciencia, Tecnología e Innovación fue presentado con años de retraso y sólo reitera un discurso ideologizado. En suma, las autoridades de CONACYT se han conducido sin un diálogo real y comprometido con los distintos sectores de la academia: investigadores, profesores, posdoctorados, becarios, estudiantes, integrantes del SNI y trabajadores de la ciencia.

Más allá de CONACYT, la política de austeridad del gobierno federal ha afectado también a instituciones de enseñanza superior e investigación. Las reducciones al gasto operativo y el trato de las entidades de educación como si fueran unidades administrativas (ENAH y Centros Públicos de Investigación - CPI) ha significado paralizar funciones sustantivas, hacer aún más precarias las condiciones de trabajo de todo el personal y la posibilidad de hacer investigación y hacer trabajo de campo para estudiantes. En algunos estados, como en los peores momentos del autoritarismo, se ha utilizado el presupuesto como arma política para presionar a las universidades. En Puebla, se han utilizado artimañas legales para atacar a una universidad privada. En Tamaulipas, el otrora secretario de administración de la Universidad Autónoma, ligado con el actual gobernador, se encuentra bajo investigación federal. Se imponen autoridades en contra de la voz de la comunidad y se afectan los derechos laborales. En todo el país hay comunidades de investigadores, trabajadores y estudiantes protestando y exigiendo que se respete a sus instituciones, que se otorguen recursos suficientes y que se les permita hacer su trabajo sin amenazas ni descalificaciones. Este foro buscará estimular las discusiones sobre los principios y derechos rectores de la investigación; sobre las políticas y acciones del actual gobierno, sobre los efectos y consecuencias en la comunidad académica, y sobre los riesgos de politizar la ciencia. Se generará una memoria para hacerla llegar a los legisladores y para continuar el debate en distintos espacios.

A continuación se presentan una selección de las intervenciones más relevantes del foro.

La Autonomía: Indispensable para la Investigación

Muchas gracias y muy buenas tardes tengan todas y todos ustedes, señoras diputadas, señores diputados, que nos reciben el día de hoy. Diputada María Elena Pérez-Jaén, a mí también es un gusto saludarte y verte el día de hoy aquí; coincidir aquí contigo. Agradezco a las organizadoras y a los organizadores de este evento, no sólo por haberme considerado para acompañarles el día de hoy, sino por abrir este espacio de reflexión, de reflexión desde la academia, pero también desde la preocupación social y política por el momento y la coyuntura que atraviesa la ciencia, la investigación, la tecnología y las instituciones académicas en nuestro país.

Hablo a título personal -si bien soy investigador y director del Instituto de Investigaciones Jurídicas de la Universidad Nacional Autónoma de México. Es una participación desde la concepción que yo tengo de la relevancia de la autonomía que, en realidad, lo que hare será, prácticamente, tocar variaciones sobre un mismo tema de lo que ya se ha dicho con anterioridad. Y, de alguna manera e inevitablemente, lo que haré será decir algunas cuestiones que podrán parecer lugares comunes, pero que no por eso dejan de ser muy relevantes en torno a la importancia, la relevancia de la autonomía en el quehacer universitario.

Quizá, lo primero que tengo que decir como constitucionalista que soy es que la autonomía es un atributo constitucional. Es decir, es un atributo que se reconoce en la Constitución a las instituciones académicas; en este caso, a la universidad de la que formo parte y que, en ese sentido, no se trata, digamos, de un adjetivo que provenga de un sentido común colectivo de una aspiración institucional, sino de un atributo constitucionalmente determinado y expresamente otorgado desde la norma suprema de nuestro país.

Es cierto que no sólo se otorga autonomía constitucional a las universidades, sino también a otra serie de órganos que tienen con [sic] autonomía constitucional: los famosos OCA. Pero solamente quiero advertir, de hecho, pues, transparencia, la gran batalla fue por ahí: el Instituto Electoral, la Comisión Nacional de los Derechos Humanos, las Comisiones Estatales. Y podría enumerar a los varios órganos que lo tienen: Banco de México, INEGI, IFT, en fin.

Pero no perdamos de vista que esa autonomía es un atributo compartido, pero para órganos e instituciones que tienen naturalezas jurídicas y funciones distintas. No son lo mismo los órganos reguladores que los órganos que realizan labores propiamente de control y garantía; o los que realizan actividades administrativas (por ejemplo, en la organización de procesos electorales); o los que realizan una protección no jurisdiccional de los derechos humanos como las comisiones nacionales y estatales de los mismos; etcétera, etcétera. Y en el caso entonces de la autonomía hacia las instituciones académicas debemos entender qué es lo que quiere decir en específico para las instituciones a partir de la misión y función social que tienen asignadas.

Lo primero que hay que decir es que la autonomía (cuando pensamos en instituciones universitarias) significa autogobierno. Autogobierno que significa la capacidad de tomar las decisiones a través de procedimientos e instancias propias para determinar cuáles serán las autoridades encargadas de la gestión, administración, conducción y dirección deesas instituciones. Y no es cierto —al menos pienso en el caso de la UNAM— que ese autogobierno sea un autogobierno que adolezca de atributos democráticos. En el caso de la UNAM, yo he insistido una y otra vez en distintos foros espacios que el tipo de democracia que distingue a la gestión universitaria es una democracia deliberativa. En la UNAM operan una enorme cantidad de órganos colegiados que son los que van confeccionando y tomando las decisiones día a día que conducen y que orientan el quehacer universitario. Desde órganos internos en las dependencias e instancias, hasta órganos de dirección y conducción institucional, que culminan con la junta de gobierno que es la instancia de la propia universidad que, después de una deliberación entre sus quince integrantes, va determinando quiénes son las personas que tienen los cargos directivos más relevantes; comenzando por la persona titular de la rectoría.

Segundo lugar, autonomía significa «capacidad auto normativa», que es exactamente el sentido, digamos, técnico del concepto: *auto nomos*, capacidad de normarte a ti mismo. Y, en ese sentido, también en el caso de la Universidad Nacional Autónoma de México.

Advierto que esa capacidad auto normativa se lleva a cabo a través de instancias que son, de nuevo, colegiadas, colectivas, escrupulosas y complejas. Yo tengo el honor, desde hace siete años, de presidir la Comisión de Legislación Universitaria del Consejo Universitario, y créanme que el trabajo que se realiza ahí para ir generando, actualizando normas —por ejemplo, la enorme agenda que ahora enfrentamos en materia de violencias y de violencia de género y de inclusión y de reconocimiento de la diversidad, que requiere adecuaciones normativas que pasan por esa comisión de legislación universitaria en la que hay una representación de entidades y dependencias de toda la universidad y, después, se eleva al pleno del Consejo Universitario, que es la instancia que toma las decisiones. Y, también, autonomía supone autodeterminación de prioridades en el quehacer académico; en el quehacer de ciencia básica, de ciencia aplicada, de humanidades, de divulgación de la cultura. Es decir, las universidades deben de tener la capacidad de determinar cuáles son las prioridades a las que centrarán su atención en los distintos rubros en los que el quehacer universitario está llamado a dar respuesta. Y, en esta medida, dadas estas tres dimensiones, diré algo que es una evidencia pero que además tiene que ver conmigo —una, una obviedad—, pero que tiene que ver además con el tema que nos convoca. La autonomía es condición de la libertad académica, es condición necesaria para la libertad de expresión, es condición necesaria para la libertad de cátedra, y es una condición necesaria para la libertad de investigación. En esto hay una vinculación de carácter lógico: sin autonomía, estas libertades no son posibles. Y sin estas libertades el quehacer universitario adolece de su sentido social y adolece de su sentido práctico.

Hay algo más en los últimos meses. Y no quiero entrar en dimes y diretes con autoridades del estado mexicano, pero se ha cuestionado a la universidad nacional y otras universidades como si tuvieran una orientación ideológica única. Eso es falso. La autonomía es condición de diversidad y de pluralidad de pensamiento. La autonomía es el receptáculo que permite que al interior de las universidades convivan, coexistan, se tensen, se disputen, se liberen, se discutan, distintas concepciones de lo político de lo social, de lo económico, de lo universitario, e, incluso, de metodologías y de maneras de aproximarse con una perspectiva laica al quehacer universitario. Y creo que eso es muy importante advertirlo. Porque, también, si queremos universidades plurales, diversas y, en ese sentido, que sean democráticas en su forma de operar y de convivir y de coexistir, requerimos que sean instituciones que tengan su autonomía garantizada, precisamente, para que ningún actor externo — por más poderoso que éste sea— trace las líneas y las directrices que deben de orientar el quehacer universitario. Pero algo muy importante: Así como las formas de democracia universitaria tienen particularidades —insisto, como es el caso de la democracia deliberativa—, hay un tema, que no es menor, y que es que la autonomía no es autarquía.

La autonomía no supone que las universidades, en este caso, estén, digamos, aisladas de los arreglos institucionales que conforman a eso que llamamos Estado mexicano. La autonomía no supone que las universidades desconozcan que existe un marco constitucional y legal que rige, en lo mínimo, su funcionamiento. La autonomía no supone que las autoridades, digamos, que las universidades no tengan una vinculación con los distintos gobiernos. Y lo digo en plural porque son distintos gobiernos en el Estado Federal. Y, además, en el tiempo: la Universidad Nacional Autónoma de México tiene más de 100 años y, en ese sentido, su relación con los gobiernos —incluso de carácter federal— pues ha cambiado conforme los gobiernos mismos han cambiado y se ha mantenido la autonomía, precisamente, como atributo fundamental de esa interacción de lo que va cambiando y de lo que la universidad conserva.

Y, tampoco, supone que estemos exentos de obligaciones de transparencia, de obligaciones de rendición de cuentas, de obligaciones de auditoría, y también de la judicialización ante el poder judicial —los poderes judiciales— de algunas decisiones que se toman al interior de las universidades. Y creo que es importante subrayarlo porque cuando uno reivindica la autonomía universitaria no pretende exentar a las universidades de controles, de la rendición de cuentas, de la obligación de informar, y de la obligación más importante que es dar respuesta a las expectativas de la sociedad sobre el quehacer universitario.

La universidad tiene una función social. Ese es el papel más importante. Su justificación está en cumplirla. Y, para eso, inevitablemente, tiene que tener una interacción con todos los sectores: con los sectores políticos, con el sector económico y, por supuesto, sobre todo, con el sector social de nuestro país. El quehacer universitario que realizan en un entorno de autonomía las universidades debe de ser técnicamente sólido, políticamente imparcial y, sobre todo, socialmente útil. Sólo de esta manera las universidades serán lo que tienen que ser. Y esto lo decía Ortega, no lo digo yo: "La conciencia crítica de la sociedad en el tiempo histórico presente". Y esa conciencia crítica, implica y conlleva inevitablemente tensiones con otros actores externos, y con agendas políticas, y con agendas públicas, y con pretensiones, digamos, de transformaciones sociales. La conciencia crítica que la universidad brinda a la sociedad es lo que le da, digamos, su identidad y su razón de ser.

Tres puntos más. No debemos olvidar cuáles son nuestras misiones. La investigación, ya he dicho, técnicamente sólida, laica, científicamente orientada, etcétera. La docencia, que quizá es lo que, a veces, perdemos de vista en discusiones y disputas. Lo que tenemos que tener en frente, como prioridad, se llama estudiantes. Es la prioridad y es la razón de ser fundamental de las universidades. Y esas jóvenes, y esos jóvenes, escuchan la discusión que están teniendo en nuestra sociedad en torno a esos espacios que son los únicos que les brindan una posibilidad de cambiar su vida, de transformar su realidad, de moverse socialmente del lugar en el que se encuentran a una situación de mayor, digamos, situación de bienestar, para decirlo en términos abiertos. Y, en ese sentido, debemos de ser muy responsables de los mensajes que transmitimos. Debemos de ser muy responsables en la manera en la que les decimos a esos jóvenes que esas universidades siguen siendo las instituciones que les permiten visualizar un mecanismo, un instrumento, un medio de movilidad social Y creo que, en ese sentido, las universidades deben seguir siendo plataformas y palancas igualadoras.

Las universidades deben ser, sí, espacios para generar el conocimiento, pero también para generar ciudadanía. Y de ahí la importancia de la pluralidad, la diversidad, en su interior.

No podemos abstraernos del contexto. La década que sigue será la década de la pandemia, y la generación presente es una generación que ha vivido una experiencia sin precedentes. Y en ese sentido tenemos una responsabilidad social mayor a la que quizá vislumbrábamos hace dos años. Y me gusta mucho citar a María Zambrano. Mariana Zambrano, entre otras cosas muy interesantes, decía «conciencia histórica y responsabilidad histórica». Tomemos conciencia del momento, de la coyuntura en la que estamos y asumamos la responsabilidad que nos corresponde, nosotros desde las Universidades, los Centros Públicos de Investigación, y todas las entidades académicas; y, por supuesto, las y los funcionarios públicos desde el quehacer que les corresponde llevar a cabo.
Y concluyo diciendo que todo lo que he dicho antes no quiero que sirva como una cortina de autocomplacencia. En las universidades hay mucho por mejorar,

hay mucho por revisar, hay mucho por discutir, hay mucho por superar y hay mucho por transformar. Eso nos toca también hacer. Y la autonomía no debe de ser un blindaje en contra de esa transformación para ser mejores. Debemos de serlo porque nos debemos a una sociedad que espera que lo seamos y, ante todo, porque somos instituciones públicas. Públicas, que viven de recursos públicos, y que tienen una responsabilidad con la sociedad que se los brinda.

Muchas gracias, y muy, muy buenas, tardes ya.

Dr. Pedro Salazar Ugarte
Licenciado en Derecho y Doctor en Filosofía Política.
Investigador titular "C" de Tiempo Completo del Instituto de Investigaciones Jurídicas de la UNAM. Es Director del IIJ-UNAM, profesor de la Facultad de Derecho y Conductor en TVUNAM.
Contacto: diriij@unam.mx

Ese es el régimen que hay que fortalecer, más allá de proyectos sexenales anclados a fantasías políticas de pretensiones históricas, gobernado por actores empeñados en construir un régimen de heteronomía política para la educación superior.

Adrián Acosta Silva.

Profesor-investigador de tiempo completo del CUCEA.

Universidad de Guadalajara.

Guadalajara, Jalisco.

Correo de contacto: aacosta@cucea.udg.mx

¿Cómo, por qué, cuándo y quién busca silenciar a las comunidades académicas?

La libertad académica es una de las cualidades más importantes de las instituciones de educación superior en las sociedades liberales y democráticas. La libertad, de hecho, es uno de los valores más preciados en dichas naciones. La libertad académica según el famoso expresidente de la Universidad de Nueva York, John Sexton, no puede tomarse como algo por sentado y es una protección que debe abarcar a todos los miembros de las instituciones de educación superior: estudiantes, ayudantes de profesores, profesores adjuntos y académicos. Sexton (2019) insiste que la libertad académica es aún más importante que la definitividad a la que pueden acceder sólo los y las académicas precisamente porque es más que una seguridad laboral, es un derecho al que debe tener acceso toda la comunidad. Sexton también indica que no debería tratarse de un derecho superior al de otros ciudadanos que se encuentran fuera de las paredes universitarias. Aunque en este sentido, Bonvecchio, citando a De Dominicis, apela a la preponderancia social de las universidades cuando dice que:

"la universidad es así la prefiguración ideal del mundo del futuro, el reino de la ciencia capaz de procurar a los hombres [hoy diríamos a los hombres y las mujeres] la certeza de sí mismos, la vida estética, el derecho a la plena autonomía social. Por ello la universidad, aun siendo coordinada por el Estado y por la sociedad, es asimismo intrínsecamente superior" (Bonvecchio, 1991, p. 51).

La garantía de libertad dentro de las instituciones de educación superior cobra relevancia cuando consideramos que su propósito —como lo escribió Joseph Ben David— además de la formación de profesionistas fue "en sus orígenes, no solo entrenar a los estudiantes en diferentes especialidades sino también transmitir la herencia intelectual del país". Y no es algo que las universidades hayan dejado de hacer desde su creación.

Por ello debe ser motivo de preocupación el acoso que está haciendo el actual gobierno mexicano a las comunidades académicas. Dicho acoso es económico, discursivo, institucional y jurídico. Y aunque no es la primera vez que la libertad académica sufre acoso en México, sí es notorio que esto ha ocurrido con gobiernos con rasgos autoritarios.

Dos episodios previos han dejado huellas en el desarrollo de la educación superior mexicana: Primero, con los presidentes del *Maximato*, Calles e incluso Cárdenas y su disputa contra la autonomía de las instituciones de educación superior, especialmente cuando "el gobierno se negó a restituir el subsidio público a la Universidad, a menos que se produjera un acercamiento de la institución a la política educativa oficial". Hoy ese tema nos suena familiar. Se recordará que, además, la postura gubernamental fue la de "marginar a la Universidad del núcleo de los procesos y decisiones políticas y educativas del Estado" (Rodríguez, 2013, pp.30—31).

El segundo episodio es el que ocurrió durante el movimiento del 68. Si bien el movimiento, que culminó con la represión el 2 de octubre fue fundamentalmente estudiantil, éste provocó una profunda desconfianza entre el gobierno de Díaz Ordaz y las instituciones de educación superior. En tanto que una demanda central del movimiento tenía que ver con la democratización del país, se estaba exigiendo también mayor apertura en la libertad de expresión por lo que la denuncia desde luego pasaba por el respeto a la libertad académica. El ejército incursionando en los campus universitarios representa el acoso más directo que una comunidad pueda experimentar.

Lo que está viviendo hoy la comunidad académica mexicana con el actual gobierno no ha llegado a esos niveles de acoso, pero no es un asunto menor lo que está sucediendo. Un episodio tan lejano históricamente como el que narra Irene Vallejo para hablar del destino de la biblioteca de Alejandría no nos suena tan lejano como debería. Dice Vallejo:

"Durante los primeros dos siglos la Biblioteca encontró todavía protectores generosos, como Adriano, pero el siglo tercero tuvo un comienzo oscuro con las insensatas amenazas de Caracalla. El emperador creía saber — a la insignificante distancia de siete siglos— que fue Aristóteles quien envenenó a Alejandro Magno y, para vengar a su ídolo, tramaba prender fuego al Museo, por donde aún vagaba el espectro del filósofo. Nuestra fuente, el historiador Dion Casio, no aclara si Caracalla llegó a ejecutar tan enorme fechoría, pero precisa que suprimió el comedor gratuito de los sabios y abolió muchos de sus privilegios". (Vallejo, 2019, p. 223).

La acusación del emperador Caracalla no suena tan diferente de la afirmación que hace casi un año hizo López Obrador cuando desmedidamente vinculó a las voces críticas de la actual comunidad académica con el llamado "grupo de los científicos" del porfiriato (28 de mayo del 2020).

Los episodios de acoso del pasado que derivaron en: la larga lucha por la autonomía y la aprobación de la Ley Orgánica de la UNAM de 1945 y el tiempo de restauración de Luis Echeverría Álvarez (luego del movimiento del 68) implicaron un plazo de reconstrucción de las relaciones entre el Estado y las comunidades académicas, mientras, el mundo científico avanzaba (en algunos casos a pasos agigantados). Hoy cinco países concentran la mitad de la producción académica mundial (China, EEUU, India, Reino Unido y Alemania) y sumados a Japón, Italia, Corea, Brasil, España e Irán concentran a dos terceras partes de dicha producción científica (según el índice *Scopus*). México se encuentra en un lejano lugar 24.

El *ehtos* de la ciencia tienen que ver, como dijo Robert Merton (1996) con honestidad intelectual, integridad, escepticismo organizado, lo imparcial y hasta lo impersonal.

Desde el Estado mexicano se debe buscar cómo apoyar el trabajo de las instituciones de educación superior, cómo fortalecerlas, cómo exigirles rendición de cuentas, cómo canalizar sus movimientos de cambio, cómo democratizar la participación de las comunidades y cómo vincular su trabajo al desarrollo social, económico y cultural del país. No lo opuesto.

Mucho menos intentar acallar las voces de sus comunidades, descalificarlas y limitar su libertad. Eso no puede conducir a nada positivo para nuestro país.

REFERENCIAS:

Ben-David, Joseph (1992). *Centers of Learning. Britain, France, Germany, United States*. New Brunswick and London: Transaction Publishers.

Bonvecchio, Claudio (coord.). (1991). *El mito de la universidad*. México: UNAM-Siglo XXI.

Clark, Burton (1983). *El sistema de educación superior. Una visión comparative de la organización académica*. México: Nueva Imagen/Universidad Futura/UAM.

Merton, Robert. (1996). *On Social Structure and Science*. Chicago and London: The University of Chicago Press.

Rodríguez, Roberto (2013). *El siglo de la UNAM Vertientes ideológicas y políticas del cambio institucional*. México: UNAM-Seminario de educación superior.

Sexton, John. (2019). *Standing for Reason. The University in a Dogmatic Age*. New Heaven and London: Yale University Press.

Vallejo, Irene. (2019). E*l infinito en un junco. La invención de los libros en el mundo antiguo*. Madrid: Siruela [Biblioteca de Ensayo 105 (Serie Mayor)].

CONTACTO:

*Alma Maldonado-Maldonado es investigadora del Departamento de Investigaciones Educativas del CINVESTAV. Es miembro de ProcienciaMx y es editora del blog de educación de la revista *Nexos, Distancia por tiempos*.

Email de contacto: almaldo2@gmail.com

Temas Ignorados

La factibilidad del éxito en una política científica nacional depende en buena medida de la elección de aquellas prioridades que se decidan atender, pero también de una elección juiciosa de aquellas problemáticas que quedarán en un papel secundario. La política científica en sexenios previos al presente siempre estableció prioridades científicas, frecuentemente con la asesoría y consejo de academias, sociedades científicas, universidades públicas y otras instancias de gobierno. A pesar de establecer prioridades, siempre se aseguró financiamiento que, aunque nunca suficiente, permitía el Desarrollo libre de áreas novedosas en la ciencia mexicana.

La política científica del actual gobierno inaugura un estilo que muchos creemos que es el equivocado. A pesar de haber recibido un documento, fruto del trabajo conjunto de un grupo plural de académicos que sugerían prioridades y enfatizaba una visión de largo plazo, estas propuestas fueron ignoradas. En su lugar, de manera vertical y sin ninguna consulta o sugerencia, se definieron prioridades de investigación, enmarcadas en los llamados Programas Nacionales Estratégicos (PRONACES), que pretendían resolver problemáticas nacionales con la participación multidisciplinaria. No solamente la elección de temas fue hecha de manera vertical: también lo fue la elección de las personas que fungirían como responsables de los PRONACES. Desde el arranque del sexenio, y sin mediar convocatoria alguna, se invitaron a personas a "estructurar" los respectivos PRONACES y a diseñar las bases de su funcionamiento y las respectivas "convocatorias" que otorgarían el financiamiento. Esto último rompe el estilo abierto y de selección por pares fundamental para la marcha de la ciencia, y sujeta las decisiones de apoyo a las preferencias y fobias del gobierno en turno. Independientemente de si se resuelve o no una problemática nacional, generan un problema aún mayor: la opacidad y la discrecionalidad.

Todo está centrado ahora en los quince PRONACES o sus mecanismos subsidiarios: los Programas Nacionales de Investigación e Incidencia (PRONAII). Al día de hoy, el principal mecanismo de financiamiento que tiene el CONACYT está centrado en los PRONACES. La decisión de niveles en el Sistema Nacional de Investigadores privilegiará la participación en los PRONACES, así como el otorgamiento de becas para alumnos de posgrado. El problema que genera la atención solamente a un número limitado de áreas se agudiza con la erosión que ha sufrido el sistema de fondos. Este sistema, que atraía recursos asignados para investigación a las diferentes Secretarías y organismos estatales se vio fracturado con la extinción de los fideicomisos de ciencia en 2020, que sustentaban al sistema de fondos. Con la extinción de este sistema, desaparece un número importante de Fondos que atendían problemáticas muy diversas, pero también el mecanismo que permitía atraer los recursos fiscales dedicados a ciencia a el CONACYT, y la decisión de asignación de esos recursos a través de evaluación por pares. Más aún, todos los recursos deberán ejercerse dentro de un año fiscal, desapareciendo la posibilidad de un ejercicio transanual de recursos.

El resultado de esta "política" no puede ser más lamentable. Se pasó de un sistema que ofrecía anualmente más de 30 convocatorias de apoyo en todas las áreas a uno centrado en los PRONACES. El presupuesto anual para investigación científica se encuentra en términos reales en niveles equivalentes a los de 2013. Los recursos "liberados" no se han reinvertido en ciencia, sino que han terminado en otras prioridades de gobierno. La decisión de los que se ejercen aún emplea mecanismos de evaluación por pares, pero un número elevado de estas decisiones son ahora por asignación directa o por su eufemismo "proyectos por encargo de Estado".

Áreas completas, como la Biotecnología, la Astronomía, las Matemáticas puras y aún algunas áreas de las ciencias sociales, estigmatizadas como "Ciencia Neoliberal", languidecen por falta de apoyo. Para el estímulo a la Innovación

Científica y Tecnológica, solamente han quedado como mecanismo de apoyo los estímulos fiscales, habiendo desaparecido el Programa de Estímulos a la Innovación (PEI). Lo más lastimoso es que jóvenes investigadoras e investigadores, atraídos por su curiosidad y emoción hacia la ciencia ven ahora su futuro profesional truncado por no caber en las prioridades actuales. No es esta la política científica que requiere nuestro país. No es la que merecen y anhelan nuestros jóvenes.

David Romero Camarena
Centro de Ciencias Genómicas
Universidad Nacional Autónoma de México
contacto@prociencia.mx

La educación pública y gratuita no es negociable, si una autonomía es vital para la democracia, es la autonomía universitaria

Hay que decirlo con toda claridad, la autonomía universitaria es uno de los logros más importantes de las luchas estudiantiles en Latinoamérica. Lo que se consiguió en la Universidad de Córdoba, Argentina, en 1918 definió un modelo de universidad pública que no estuviera a merced de las ideologías y los caprichos de los gobiernos en turno. En México, los estudiantes de la UNAM lo lograron en 1929 y de manera plena en 1933, esto abrió camino para consolidar a las universidades del país bajo este principio fundamental que garantiza libertades para el quehacer académico, generación del conocimiento y divulgación de la cultura.

La educación pública y gratuita no es negociable, es nuestro derecho. Los movimientos estudiantiles latinoamericanos que nos anteceden conquistaron la autonomía universitaria, el gran reto de nuestra generación es defenderla, hacerla cumplir y velar porque las próximas generaciones ejerzan su derecho. **Sin la universidad pública, laica y gratuita, resulta imposible concebir una democracia sólida, así como es imposible pensar la universidad pública sin el pleno ejercicio de su autonomía.**

Como saben, en los últimos meses la comunidad estudiantil de la Universidad de Guadalajara y la Federación de Estudiantes Universitarios hemos acompañado la lucha de nuestros compañeros del CIDE, porque sabemos en carne propia lo que es sentir amenazada nuestra autonomía. Tradicionalmente los ataques contra la autonomía universitaria consistían en condicionar o restringir el presupuesto a las universidades públicas como formas de "castigo" o amedrentamiento por no "alinearse" con los gobiernos. Sin embargo, desde el inicio del gobierno federal actual se han presentado hechos que rebasan este tipo de amagos y presiones.

Y quiero destacar algunos focos de alarma para que tomemos consciencia de lo **amenazada que actualmente está la autonomía**; en diciembre de 2018 se envió un proyecto a la Cámara de Diputados que eliminaba la Autonomía Universitaria de la fracción VII como parte de la reforma del artículo 3ro. constitucional. Durante el 2019 y parte del 2020 se impulsaron en algunos congresos locales reformas a las leyes orgánicas de universidades sin consulta previa con sus comunidades, estas iniciativas que son una clara violación a la autonomía universitaria fueron arropadas por legisladores de Morena en el Estado de México, Colima, Sinaloa, Sonora, Baja California Sur, Querétaro y Veracruz.

La persecución política contra las universidades se ha visto en las declaraciones de AMLO respecto a la UNAM que constituyen amagos y amenazas inaceptables; en el caso del CIDE donde se pretende imponer un directivo espurio, sin respetar siquiera la normatividad existente y en el caso de Puebla donde el Consejo Universitario de la BUAP ha señalado al propio gobernador del estado Miguel Barbosa.

En Jalisco, el gobernador Enrique Alfaro tampoco se queda atrás. En 2021 Alfaro arbitrariamente decidió recortar el presupuesto a nuestra casa de estudios manipulando la opinión pública e imponiendo un falso debate entre **"museo u hospital"** todo en el contexto de la pandemia, misma que también usó para "justificar" una deuda millonaria, la peor en los últimos 20 años, y poder pasar por encima de la autonomía universitaria, frenando el avance en el desarrollo de conocimiento e innovación hacia el medioambiente en Jalisco.

Hoy por hoy, gozar de plena autonomía universitaria quiere decir que existe independencia frente al Estado, porque tenemos capacidad de autogobierno y administración, es un derecho que posibilita a las universidades de organizarse por sí mismas, una conquista para no depender de las voluntades políticas en turno. **No podemos estar a merced de partidos y grupos en el poder, la**

autonomía es nuestro derecho y es sin duda el ingrediente vital de la democracia.

Hace unos meses, en el 30 aniversario de la FEU, lanzaba el cuestionamiento sobre si aporta socialmente hacer política estudiantil. En aquel momento y hoy en día mi posicionamiento es muy claro, **debemos hacer política estudiantil porque tenemos que defender y ampliar el derecho a la educación, movilizarnos y levantar la voz ante cualquier decisión política que comprometa el presente inmediato y futuro.** Que llegar a la universidad y graduarse no sea una añoranza inalcanzable sino una realidad.

Es por eso que me atrevo a enumerar que la FEU ha estado presente para la comunidad universitaria, para las y los estudiantes en sus aulas y pasillos a lo largo y ancho de Jalisco.

Presentes marchando en las calles, denunciando el robo del transporte público (ineficaz y ratero), resistiendo en los parques en defensa de nuestras áreas verdes (aunque nos manden a la Fiscalía), apoyando en los hospitales como nuestro actuar durante la pandemia lo demuestra, buscando justicia por nuestros compañeros desaparecidos, y ahora, en medio de este contexto en el que se han acentuado las desigualdades, en el que la deserción escolar y el rezago educativo amenazan el progreso de nuestro país, como jóvenes universitarios nos toca unirnos por la gratuidad de la educación. **La gratuidad es el ADN de la educación pública.**

Por ello hoy hago un **exhorto a la cámara de diputados** para garantizar la autonomía académica, administrativa y legislativa de las universidades en México.

Necesitamos **autonomía académica para que se pueda enseñar libremente,** sin atarnos a un modelo o escuela de pensamiento, es decir, tener la plena de certeza de que el conocimiento es universal y tengamos la libertad de investigar sobre lo que necesitamos y deseamos, incluso si esos temas incomodan al gobierno en turno o destapan casos de corrupción.

Necesitamos **autonomía administrativa para organizar los recursos** sin quedar a merced de los gobiernos de los partidos y grupos políticos en turno. Para que no llegue otro gobernador a decirle NO al Museo de Ciencias Ambientales, que no llegue otro mandatario que por sus arrebatos busque imponer el destino de los recursos universitarios, como este gobernador que piensa mucho en infraestructura pero poco en ciencia. Cabe destacar que la Universidad de Guadalajara está organizada, tan es así que hemos marchado casi cinco meses con miembros de todas las escuelas preparatorias y centros universitarios que conforman nuestra red. **Nuestra autonomía no es negociable, es nuestro derecho, aunque le pese al gobernador.**

Por último, quiero decir que en el contexto del siglo XXI en México vemos una constante, a las élites políticas y económicas les incomoda la autonomía universitaria. **Les molesta que pensemos libremente**, que nos administremos de acuerdo con nuestras necesidades.

Buscan imponer sus agendas y distribuir nuestros recursos porque tener el control de millones de estudiantes es una forma de poder. Nuestra respuesta es la movilización; si no tuviéramos autonomía universitaria estaríamos vulnerables a la represión, a la corrupción, a la ausencia de humanismo. Gozar de autonomía crea universitarios libres y sin miedo.

Francisco Javier Armenta Araiza

Universidad de Guadalajara

Presidente de la FEU

armenta808@gmail.com

www.ingramcontent.com/pod-product-compliance
Lightning Source LLC
LaVergne TN
LVHW061329060426
835513LV00015B/1338